François Charles

Recueil de management Tome 3

François Charles

Recueil de management Tome 3

Éditions Vie

Impressum / Mentions légales

Bibliografische Information der Deutschen Nationalbibliothek: Die Deutsche Nationalbibliothek verzeichnet diese Publikation in der Deutschen Nationalbibliografie; detaillierte bibliografische Daten sind im Internet über http://dnb.d-nb.de abrufbar.

Information bibliographique publiée par la Deutsche Nationalbibliothek: La Deutsche Nationalbibliothek inscrit cette publication à la Deutsche Nationalbibliografie; des données bibliographiques détaillées sont disponibles sur internet à l'adresse http://dnb.d-nb.de.

Coverbild / Photo de couverture: www.ingimage.com

Verlag / Editeur:
Éditions Vie
ist ein Imprint der / est une marque déposée de
OmniScriptum GmbH & Co. KG
Heinrich-Böcking-Str. 6-8, 66121 Saarbrücken, Deutschland / Allemagne
Email: info@editions-vie.com

Herstellung: siehe letzte Seite /
Impression: voir la dernière page
ISBN: 978-3-639-87309-2

Recueil de management

TOME 3

François CHARLES

LA PLANCHE A CLOUS

Je crois que j'ai appris cette histoire lors de ma formation en posture de coach et j'espère mon ancien mentor, qui lit mes écrits, ne m'en voudra pas de la retranscrire, un peu modifiée, et de l'employer régulièrement comme métaphore tellement elle est efficace.

Quand vous étiez petits, peut-être avez-vous fait des cabanes dans les arbres. Ne vous disait-on pas de ne pas planter de clous mais plutôt d'utiliser des ficelles afin d'éviter de créer des blessures longues à cicatriser ? Eh bien dites vous qu'il en est de même pour les gens ou ... inversement !

Mais venons-en à l'histoire. Un jour qu'un jeune garçon s'énervait, son père lui dit : « A chaque fois que tu t'emporteras, vas planter un clou dans cette planche ! Mais à chaque jour que tu sauras te comporter en équilibre, vas enlever un clou ». Le garçon s'y conforma. La planche se remplissait puis se vidait puis se remplissait puis se vida totalement. Le jeune garçon vint alors trouver son père tout fier de son résultat. Son père regarda la planche, la lui fit regarder et lui dit alors : « reviens me voir quand la planche n'aura pas reçu de clou pendant une semaine ». Puis ce fut un mois. Le père dit alors à son fils : « Je constate que tu ne plantes donc plus de clous mais peut-être voulais-je simplement que tu n'en plantas point. Regarde cette planche avec tous ces trous, et non des moindres ! Certes, il n'y a plus de nouveaux trous mais peux tu me dire combien de temps faudra-t-il pour que les trous disparaissent, sauf si, bien entendu, je te donne de la pâte à bois ou de la résine ? Et aurais-tu planté ces clous de la même façon dans un arbre ? T'es tu au moins posé la question pour cette planche ? »

Vous avez compris, quand le mal est fait, il faut souvent du temps pour réparer. Pourquoi donc ne pas essayer d'éviter de le faire ? Dans quel état imaginez-vous le corps ou l'âme de votre interlocuteur à qui vous avez planté ce dernier clou ? Pourriez-vous visualiser le plantage du prochain ou revivre la dernière fois que vous avez planté un clou ? Vous qui savez désormais connaître votre équilibre entre vos polarités et qui connaissez le risque de franchir ou non vos lignes imaginaires, pourquoi n'en profiteriez vous pas pour réfléchir avant de planter votre futur clou ? N'allez pas non plus penser qu'il est davantage permis de faire mal parce que l'on sait manier la courbe du deuil et le coup de tamis sur les anciens clous plantés, un peu comme si l'acte de se confesser permettait à nouveau de fauter ! Certains profils s'en souviendront pendant 10 ans en veillant que le trou se comble alors que d'autre seront passé à autre chose se moquant des dégâts.

Peut-être que la relation détériorée n'est pas importante pour vous. Mais n'oubliez pas non plus que votre interlocuteur pourra s'en souvenir jusqu'au comblement, et donc longtemps avec tous les inconvénients que cela représente. Mieux vaut donc économiser vos clous pour les moments où vous en avez vraiment besoin en connaissance de cause, pour vous protéger par exemple. Et parfois aussi vaut-il mieux prendre autre chose qu'un clou ! Et si c'est un exutoire, choisissez une planche qui ne vous en voudra pas… Mais faites en également part à vos planteurs de clous ! La planche à clou s'emploie dans une négociation, une relation diplomatique, en entreprise mais bien entendu aussi dans la vie de couple. Ce n'est pas parce que les enfants plantent des petits clous qu'ils ne doivent pas en prendre conscience.

Et vous ? Combien de clous avez-vous planté aujourd'hui ? Sur une planche, sur un arbre ou sur qui donc ? Et … combien en avez-vous reçus ou évités ?

LE COUP DE TAMIS

Vous lisez souvent ce terme dans bien des articles sur différents sujets. Il a intégré la boite à outils SPM ® et pris désormais une bonne place à la fin de chaque processus.

Alors que j'employais volontiers auparavant le *boulet au pied* grandissant, comme nous l'avons vu ensuite dans une publicité, ce « coup de tamis » m'est apparu encore plus fort à la fin d'une explication de la courbe du deuil où il s'agit d'aller de l'avant après avoir franchi chaque phase.

Revenons à la courbe du deuil qui, sans ce coup de tamis, apparait parfois incomplète. Après le coup de théâtre plus ou moins annoncé ou ignoré, vient ensuite le déni puis la colère, puis la phase de dépression, d'acceptation et de marchandage pour ensuite mettre le pied au fond de la piscine et remonter sur la ligne de flottaison. Cette image de la piscine me ramène encore au boulet dont on peut couper la chaine et laisser au fond afin de pouvoir remonter.

Mais cette image du coup de tamis est bien meilleure car s'il est toujours possible de retourner voir son boulet (…), il est possible aussi de se noyer en cas d'échec. Il est par contre moins dangereux de passer son tamis au dessus de la rivière, mais il sera plus difficile de retrouver les éléments passés à travers et désormais perdu sauf grande chance ou … malchance.

Son principe est simple mais suppose un engagement et une prise de décision importante. Cette image est également responsabilisante avec une vraie prise de conscience des éléments contrôlables et incontrôlables

Après avoir franchi chaque stade de la courbe du deuil, il s'agit de prendre un tamis mais surtout de bien choisir la grosseur de la grille avant d'y verser les éléments recueillis pendant les phases de deuil. Car il s'agira ensuite de savoir capitaliser l'expérience pour en faire un élément positif et ne conserver que ce qui pourra être bénéfique à une bonne marche en avant en faisant disparaître le mal, comme dans le film « la ligne verte ».

C'est un bon exercice d'objectif GROW et SMART (spécifique, mesurable, accessible réaliste, réalisable et déterminé dans le temps) que vous connaissez désormais.

Chacun découvrira également les traits principaux de ses préférences de fonctionnement (MBTI…) et la notion d'équilibre pour être certain de passer la ligne imaginaire qui sépare du tamis. Certains ne voudront conserver que la pépite quand d'autres auront peur de tout voir disparaître.

Le choix de la grille doit être fait après réflexion car il ne sera pas possible d'en changer ensuite ni d'aller récupérer les éléments passés au travers, disparus dans le torrent.

C'est aussi une bonne mise en situation de visualisation car nous ne nous déplaçons pas toujours en montagne. Mais des séminaires « coup de tamis » vont être lancés prochainement en Bourgogne et en Franche Comté en semaine pour les processus « entreprise » et en week-end pour les problématiques personnelles vie courante ou professionnelle.

Certains en profiterons pour oublier un être proche, quand d'autres le feront pour un retour d'expérience de projet, après une situation de crise, un match manqué …

Mais il s'agira aussi de coups de tamis sur des process positifs pour bien conserver les éléments qui ont fonctionné car autant l'on n'aime pas faire l'analyse des échecs, autant il est encore plus important de réaliser l'analyse des succès pour s'assurer de l'effet cliquet qui sera exposé dans un prochain article.

L'UNION EUROPENNE A 28 A TRAVERS LE TEAM MANAGEMENT SYSTEM

L'Europe est unie dans sa diversité. Certains supports de communication sont développés dans ce sens par l'Union européenne et distribués par l'IRCE. Au-delà du simple constat, je dirais surtout qu'elle peut être riche de ses différences, ce qui crée sa problématique mais aussi une force de fonctionnement et de développement.

Au-delà de la notion de *vivre ensemble* et sans attendre les possibles segmentations énergétiques et industrielles, n'hésitons pas à utiliser les méthodes de management d'équipes qui pourraient sans doute nous faire prendre conscience des forces humaines qui s'en dégagent et de la force qu'elles peuvent montrer à travailler ensemble pour la consolidation des institutions ainsi que pour le respect et la considération de notre identité dans le monde face à la concurrence.

Le Team Management System est un de ces outils qui fait partie de l'hyper-matrice transactionnelle ® multi-outils que j'ai développée à travers NOVIAL. Il a été décliné en grande partie du MBTI, modélisation américaine des polarités initiées par Jung, pour fonctionner à partir des forces de chaque personne. On l'utilise volontiers en management d'équipe pour identifier et segmenter les attitudes et les forces complémentaires dans une organisation afin que chacun y trouve et valorise vraiment sa place. On y détecte également les failles ou sones d'ombres à combler en interne ou par un apport externe (acquisition, partenariat ou recrutement) afin de disposer d'une équipe à convenance en fonction des missions et si possible équilibrée en matière de gouvernance ou de management de projet.

Dans le modèle décloisonnant SPM ® que j'ai créé pour utiliser des méthodes complémentaires notamment en dehors de leurs champs d'application d'origine, j'emploie souvent le blason d'identité et les méthodes de l'hyper-matrice pour les organisations au-delà des personnes. Pourquoi donc ne pas utiliser le TMS pour l'Union européenne ?

En nous projetant déjà en juillet 2013, date d'entrée de la Croatie, je vous propose d'aborder assez brièvement une cartographie des grandes tendances générales des 28 pays, faite à partir de connaissances personnelles et d'interviews simples, et qui sera certainement approfondie dans une étude générale multi-outils.

La roue du TMS décline quatre grands types de profils : conseillers, explorateurs, organisateurs et contrôleurs. Les explorateurs et organisateurs sont généralement plutôt extravertis et les autres introvertis. Les explorateurs et conseillers sont plutôt conceptuels et structurés alors que les autres sont plutôt pratiques et flexibles. Les contrôleurs et conseillers ont plutôt des convictions alors que les autres travaillent la tête froide de façon logique. On y trouve également 8 sous parties organisées en camemberts. Au centre, certains profils se rapprochent de la notion d'organisateur.

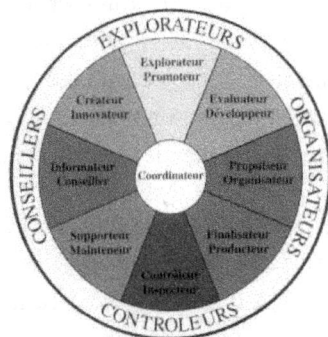

Comme dans chaque méthode et chaque indicateur, il est important de se comprendre soit même et de comprendre l'autre pour accepter les différences et mieux travailler ensemble, comme parfois mieux négocier ou se protéger.

D'une façon générale nous conviendrons assez facilement que les pays introvertis se situent plus dans le nord et l'est, les esthètes plus au sud. Rappelons nous, en termes de réalités, que certains pays sont plus commerçants que d'autres et que certains sont d'anciens colonisateurs, d'autres tournés vers la recherche et que les pays voisins ne se ressemblent pas toujours. Certains comprendront peut être aussi pourquoi ils se sentent mieux dans certains pays plutôt que d'autres.

Plutôt que travailler à l'intuition, les groupes industriels répartis à travers l'Europe peuvent utiliser ce genre de méthode pour mieux orienter les actions à mener en fonction des préférences. Il est également intéressant de comprendre le « moule » EADS par rapport à l'approche multidomestiques de THALES. Ils peuvent aussi être plus efficace dans la vente et à l'export. J'emploie aussi ces méthodes pour les recherches de partenariat notamment pour les PME.

En terme de segmentation européenne, pourquoi ne pas créer un sous groupe créativité en laissant ensuite la conception, puis la réalisation, et encore la vente à d'autres ? Mais comme avec le MBTI, chacun peut comprendre ses préférences et ensuite maîtriser et également travailler sur ses zones d'ombre avec le risque de tout vouloir conserver plutôt que travailler ensemble comme nous le vivons depuis longtemps dans l'armement. A travers cette méthode, on peut aussi comprendre que l'application des règles de recouvrement de la dette peuvent être différentes d'un pays à l'autre mais que la gouvernance peut exister sous de multiples formes pour y parvenir comme en matière d'ISO où il est demandé un système qualité mais pas forcément identique à celui du voisin.

Je vous propose une explication brève de chaque profil avec leurs codes TMS et MBTI ainsi qu'une première identification de certains pays. Chaque case regroupe au moins un pays mais l'étude d'affinage pourra peut-être montrer certaines failles qu'il s'agira de combler.

Le *conseiller informateur* (ICBF – INFP) est visionnaire stratégique, planificateur, idéaliste, se repose sur ses conviction, se met à la place et sait être flexible. Nous pourrions y trouver Chypre, Irlande, Slovénie

Le *créateur innovateur* (ECBF – ENFP) est communicateur, formateur, idéaliste, sait être plutôt créatif et flexible. Sans doute la France et l'Italie

L'*explorateur promoteur* (ECAF – ENTP) est innovateur, rationnel, extraverti et créatif : pourquoi pas la Belgique, le Luxembourg, les Pays-Bas et l'Espagne

L'*évaluateur développeur* (ECAS – ENTJ) est meneur, rationnel, extraverti et analytique : Danemark, Estonie, Hongrie, Lituanie, Royaume-Uni

9

Le *propulseur organisateur* (EPAS – ESTJ) sait plutôt être maitre d'œuvre, gardien être analytique et structuré : Autriche, Allemagne

Le *finalisateur producteur* (IPAS – ISTJ) est inspecteur, gardien, pratique et structuré : Rep. Tchèque, Grèce, Lettonie, Slovaquie, Suède

Le *contrôleur inspecteur* (IPBS – ISFJ) est gardien administrateur, introverti et pratique : Bulgarie, Pologne, Croatie

Le *supporteur mainteneur* (IPBF – ISFP) est artisan, esthète, introverti et se repose sur ses convictions : Finlande, Malte, Portugal, Roumanie

Seriez vous prêt à disposer sur la roue les pays complétant l'Europe jusqu'à l'Oural avec la Russie, la Biélorussie, l'Ukraine, la Moldavie, la Norvège, l'Islande, le Monténégro, l'Albanie, la Bosnie, le Kosovo, la Serbie et la Macédoine ? Qu'auraient-ils à nous apporter en termes d'identité et de préférence de fonctionnement ?

Enfin, demandez-vous pourquoi prend-on mieux conscience des différences à l'international qu'au sein de son entreprise, de son cercle relationnel où les mêmes problématiques et les mêmes besoins apparaissent pourtant.

FAITES TRAVAILLER VOTRE CERVEAU ET JOUEZ
AVEC VOS POLARITES

Nous sommes nés avec un cerveau mais nous ne l'utilisons pas tous de la meme façon de par sa construction, nos origines et nos environnements. Comme il est important de marcher sur ses deux pieds, il est tout aussi fondamental de fonctionner sur ses quatre parties de cerveaux pour mieux se connaître, comprendre l'autre mais aussi de travailler en équipe et gérer un risque, un projet ou une crise.

J'ai découvert le Hermann Brain Dominance Instrument (HBDI) avec un confrère qui voulait l'appliquer au jeu de golf, ce que j'ai fait ensuite fait avec le MBTI (golf & type) commun dans les fonctions croisées mais plus complet car intégrant les polarités d'attitude. Je l'ai ensuite appliqué au coaching de cavalier (horse & type).

Conforme à mon profil psychologique et mon approche scientifique, j'ai intégré la méthodologie cervicale après avoir vérifié les différences produites par les électrodes qui s'éclairaient différemment entre deux personnes pour une meme question posée et qui montraient que le cerveau gauche controlait les membres droits.

Comme pour le MBTI, la technique HBDI consiste d'abord a identifier nos préférences de fonctionnement pour comprendre qui nous sommes, identifier et nous accutumer à nos zones d'ombre pour gérer le stress face à une situation, une personne ou un groupe et comprendre que nous pouvons agir en équilibre. Ccontrôler son stress, c'est aussi reconnaître son coté positif pour nous maintenir en veille, éviter une trop grande confiance et un trop grand lâcher prise.

Nos avons un hémisphère gauche qui agit de façon logique en haut (cortical codé bleu) et logistique en bas (limbique codé vert). Nous avons un hémisphère droit qui agit de façon intuitive en haut (codé jaune) et sentimentale en bas (codé rouge). Profiterons-en aussi pour passer en revue notre $OP^2AC^3Q^3$ ®.

La partie logique bleue veut connaître les faits : « quoi » et « combien ». Portée sur la raison, elle nous aide dans l'analyse, l'affirmation de soi, la compétition, le résultat, « l'ici et maintenant », le raisonnement, la critique, l'évaluation, la technique, les mathématiques, la gestion, l'expertise, la rentabilité financière et le re-engineering. Le bleu utilisera le 5M, le 5S, le GANTT. Les bleus ont peur de l'erreur, de changer de modèle de pensée et ont trop foi dans les chiffres, proches du travaillomane de la PCM.

La partie logistique verte veut connaître le process : « quand », « où » et «comment ». Portée sur l'organisation, elle relate l'historique, agit avec organisation et méthode, règles et procédures. Elle s'attache à la production, le contrôle, la méticulosité, la fiabilité, la qualité, les systèmes d'information, la sécurité, la conservation, l'administration, la réalisation, la planification, la persévérance. Les verts ont peur de perdre du temps et de sortir de l'élément sécurisant, comme le 6 de l'Ennéagramme.

La partie intuitive jaune cherche à connaître la finalité : « pourquoi ». Portée sur l'imagination, elle aime les métaphores, le brainstorming, les analogies, les dessins, la vision globale, la découverte, l'innovation, la créativité, l'art, l'anticipation, la conception, la synthèse, l'intuition, l'association d'idées. Le jeune a peur de ne pas pouvoir définir clairement le problème en faisant beaucoup de parenthèses, comme le persévérant de la PCM, et bondit trop vite vers les solutions.

La partie sentimentale rouge cherche à connaître les histoires de personnes : « qui, pour qui, avec qui, contre qui ». Portée sur la relation, elle est propice au travail en équipe, à l'approche client, au développement personnel, à la communication. Elle aime l'empathie, l'animation, l'altruisme, l'impulsivité, la sociabilité, l'émotion, la musique, la spiritualité et l'expression verbale. Les rouges ont peur d'être seuls et de déplaire, surtout en groupe.

Maintenant que nous avons vu le « quoi » (bleu), certains d'entre vous se demanderont maintenant « pourquoi » (jaune) apprendre ceci alors que d'autre voudront aussitôt savoir « comment » (vert) le mettre en œuvre ou « à qui » cela va servir. Mais certains seront sensibles à deux, trois ou quatre questions.

Une analyse de problème ou une gestion de crise sera d'autant mieux traitée que les quatre parties du cerveau seront représentées en séance. Le penseur stratégique aura plutôt un équilibre cervical car les questions clés « quoi, pourquoi, quand et qui » apparaissent réparties sur les 4 quadrants.

Vous pouvez passer un de ces nombreux tests ou alors deviner vos préférences spontanées par des éléments vécus. Comment aborderez-vous le compte rendu d'un feedback de votre choix (pour éviter le traditionnel accident). Préférerez-vous un historique ou des faits ? Vous concentrerez-vous sur les gens ou sur l'action d'après ? Mais qu'attendra surtout votre correspondant ? Le bon manager agira comme il faut et non comme il est et il le veut, sauf parfois en cas de mauvaise volonté de synchronisation de son interlocuteur.

Nous retrouvons les parties du cerveau dans les fonctions du MBTI mais les polarités n'y apparaissent pas parallèles mais croisées. La balance de prise d'informations S (concrète) / N (conceptuelle) est orientée vert / jaune et la balance de prise de décision T (logique tète froide) / F (affective avec le cœur) est orientée bleue / rouge.

J'utilise volontiers le MBTI (voir autres articles) comme le HBDI pour développer une écoute active et des relations raisonnées, sans consommation d'énergie, en jouant avec les polarités seules ou doubles plutôt qu'en utilisant les profils complets (ENFP...). Quand le HBDI recommande de fonctionner sur ses quatre parties de cerveau, Le MBTI recommande de *marcher sur ses deux pieds*, de façon équilibrée sur chacune des quatre balances (ressourcement, recherche d'information, prise de décision, organisation). Une fois le *pied d'appel* identifié, comme dans le sport, il ne change jamais mais peut être différent d'une personne à l'autre.

Bien sur il n'y a pas de vérité toute faite mais il y a sans doute des attitudes plus adaptées à certaines situations et certaines personnes. Le S vert est stressé quand on lui demande de faire faire, de déléguer sans contrôler, de produire des idées, d'élaborer une vision et synthétiser. Les réflexes primaires du S seront de valoriser le résultat, observer, repérer, noter, se fier à l'expérience, se méfier des idées nouvelles alors qu'il ignore sans doute son potentiel pour la conception, l'abstraction, l'imagination, le futur, la recherche du sous-jacent, comme un N et inversement. Il en est de même pour les trois autres polarités.

Jouer avec les polarités du MBTI, comme celles du cerveau, c'est gérer son stress et la relation. Un S vert pourra trouver qu'un N jaune est flou, changeant, non concret sauf s'il tente de se mettre à sa place, ce qui sera facilité si son coté F rouge est assez développé. Mais ce S vert pourra aussi faire effort de parler ou écouter comme un N jaune, de même que le T bleu pourra aussi parler ou écouter comme un F rouge. C'est un peu « vis ma vie », comme entre ingénieurs et gestionnaires qui développent généralement des cerveaux différents. Chacun peut développer son cerveau endormi en allant plus vers les gens, en tentant d'imaginer, ou porter plus attention à sa gestion ou la recherche des causes en remontant l'historique.

Pourquoi ne pas installer avec courage sur nos bureaux des petits chevalets avec nos polarités ou alors porter des badges pour faciliter nos relations, éviter nos pertes d'énergies et rester dans une dynamique positive ?

LA CONDUITE TRICOLORE DE VOS REUNIONS

Les réunions sont parfois productives, parfois houleuses et parfois non constructives du fait d'un certain étouffement de certains, d'absence de compréhension, de motivation, de créativité ou de prise de responsabilité.

Une solution consiste à permettre à tout le monde de s'exprimer, susciter mais également d'alimenter le débat : « la conduite tricolore ». Rien à voir avec un quelconque aspect patriotique mais regardez plutôt vers les feux tricolores qui régulent notre circulation, ui est un code de conduite commun à tous.

Le management et la conduite tricolore des réunions bâtissent peu à peu une équipe efficace et performante qui s'autorégule et qui se prend en charge en se permettant toujours d'aller voir le manager mais moins souvent, car devenu davantage porteur de sens. Mais elle a souvent besoin au départ et de façon régulière d'une régulation individuelle et collective. Ils permettent aussi d'éviter la cacophonie improductive.

Le principe est très simple et je m'en sers également pendant mes formations en entreprises ou en université ou en interventions. Chaque auditeur ou collaborateur dispose d'un jeu de carton rouge, orange et vert. Dès que quelqu'un détecte un problème, un risque ou un danger, ne comprend pas ou veut émettre une remarque, il lève le carton orange ou rouge en fonction du degré d'importance.

Mais dès que cet aspect est émis et partagé en séance, l'astuce du porteur de sens est de pouvoir d'abord donner la parole à ceux qui auront levé le carton vert, signifiant qu'ils peuvent répondre.

Vous pouvez également utiliser les cartons pour les votes de résolution ou les prises de décision où les cartons orange peuvent ainsi parfois poser les bonnes questions complémentaires.

Ce mode de participation permet aussi et surtout aux introvertis de mieux prendre la parole et aux autres de mieux préparer la réponse, voire de s'interroger sur ce qu'ils ont manqué, en fonction de la couleur du carton mis en évidence. Un peu comme quand quelqu'un pose une question qui semble simple et que la moitié des participants prend son stylo…

Cet acte est également plus fort qu'un doigt levé et exprime une réelle participation et un engagement. Je me souviens d'une mission où le directeur général cherchait un entrain pour son équipe et où le manager s'était dévoilé en parent trop normatif et bienveillant directif cassant toute initiative ou synergie de groupe venant de la base. Quand l'équipe levait bien haut le vert sur une résolution d'amélioration, il était plutôt sur un vert au raz de la table, voire d'un orange, un peu comme quand l'équipe voit la jeune femme et le manager la vieille dans la fameuse image que vous connaissez sans doute …

Ici, il n'y a pas de cartons jaunes comme dans le sport ni de contraventions ou de points retirés comme dans le code de la route, mais il est également recommandé de freiner à l'orange plutôt qu'accélérer et provoquer un accident ou un violent coup de frein souvent dangereux pour les autres. Le risque était-il acceptable ? Nous le saurons peut-être dans le prochain article sur le risk management.

CROYANCES ET GENERALITES

Ces deux principes sont souvent mélangés et mal compris. Et pourtant, ils permettent de trouver l'équilibre au meme titre que de nombreux outils à notre disposition, en prenant en compte encore une fois que Pierrre n'aura pas forcément les memes lunettes que Paul pour y parvenir.

Je vais commencer par cette histoire: Marie coupe toujours le rôti en deux. C'est comme ça, on lui a toujours appris cela et parfois c'est vrai qu'elle a remarqué que ses amies ne le faisaient pas. Elle va donc vers sa mère et lui pose la question, qui lui répond qu'elle l'a appris de sa mère. Marie va donc voir sa grand-mère qui lui répond que les fours et les plats n'étaient pas assez grands et qu'elle s'était toujours demandée pourquoi sa fille le coupait...

Marie pensait que c'était comme cela pour tous les rôtis et ceci lui convenait bien en tant que travaillomane (PCM). Elle avait donc **généralisé** cette pratique en tirant prétexte de cette expérience personnel pour déboucher sur une conclusion générale : tous les rôtis devaient être coupés. Tout ce temps gâché pour rien ! Mais en bonne perfectionniste, il se dit que de cette façon il cuisait encore mieux. Ouf ! Ce n'était pas une croyance car non seulement on le lui avait dit mais on le lui avait montré. Par contre, si on lui avait laissé fait croire que le rôti ne pouvait pas être cuit autrement, sa **croyance,** sa certitude personnelle sans preuves matérielles ni rationnelles se trouvait effectivement ébranlée par le fait que ses amies le faisaient justement. Elle n'aurait donc plus foi dans les modèles paternels.

Notre **expérience subjective** qui nous aide à **percevoir, ressentir en interne** (70%) et **exprimer** nos émotions et nos sentiments de **façon externe** (par le langage du corps, la voix, le regard, soit la face immergée de l'iceberg : 30 %) utilise aussi les **filtres** des **séquences de pensée**, de nos **critères** (normes et standards personnels) et de nos **valeurs** (critères les plus appréciés). Elle doit tenir compte également des **omissions** (attention sélective à certaines dimensions du vécu, occultant une partie de la réalité) et des **distorsions** (déformation de la réalité en se faisant des films…, se racontant des histoires..). Elle doit tenir compte du **contexte** (circonstances dans lesquelles s'inscrivent les événements) mais également de l'**environnement** (contraintes physique et morales).

Une croyance peut être associée à tout ce qui n'est pas expliqué mais pour lequel vous avez pris parti. Ceci n'est donc pas forcément lié à la religion mais cette dernière est un bon critère car nous croyons souvent parce que le mystère est là. Un des points communs des religions du livre est d'avoir *généralisé* les messies, prophètes et lieux de culte.

Enfin, le degré de perception, de ressenti et d'expression de ces croyances et généralités dépend aussi et surtout de nos typologies de personnalités que vous pouvez découvrir notamment à travers le MBTI, le TMS, l'ennéagramme, la Process comm et bien d'autres, du moment où vous apprenez à vous connaître et surtout à comprendre, et faire comprendre, que Nathalie et Chloé prendront peut-être leurs informations et leurs décisions de façon différentes en fonction de leurs origines et leurs environnement. Croyances et généralités sont présentes dans tout l'environnement de notre vie quotidienne, que ce l'entreprise, le sport, le jeu, la politique…

Et vous ? Croyez vous aux extra terrestres ? au père Noel ? aux fantômes ? à la chance ? Dites vous : Noël au balcon, Pâques au tison ? La nuit tous les chats sont gris? Les blondes sont stupides ? Mais aussi… ne serez-vous jamais capable de faire cela ou de croire celui qu'il l'a fait car on vous a toujours dit que personne ne l'a déjà fait?

L'EFFET DE LEVIER DE L'APPROCHE HUMAINE DANS LA GESTION DE CRISE

Nos différences de comportement, qui se révèlent souvent en période de crise, ne sont pas le fruit du hasard. Elles sont le résultat de préférences sur un certain nombre de dimensions fondamentales de la vie psychique. Pour une situation identique, résoudre un problème ou atteindre un objectif pourra demander un effort différent entre deux personnes selon leur patrimoine inné et acquis, leur environnement et leur expérience. Aussi, et en complément des approches stratégiques et opérationnelles, les outils d'approche humaine de typologies de fonctionnement, de communication, de maîtrise des émotions et des ressources s'avèrent des atouts importants. Ils permettent de mieux ressentir et gérer efficacement les processus de crises où l'aspect humain est largement impliqué à la fois dans les causes, les conséquences et les actions de continuité.

Après avoir abordé les réalités, les problématiques et l'environnement des crises, l'article abordera certains aspects psychologiques fondamentaux puis exposera une vision synthétique de certains outils humains d'accompagnement qui permettront de mieux anticiper, comprendre et faciliter les processus potentiels ou engagés. Pour imager d'ores et déjà cette approche, le degré d'effort que vous aurez vous-même consacré à suivre le fil rouge de cette lecture, exposant de façon innovante la façon de comprendre et gérer une crise à l'aide du facteur humain tout en sauvegardant les processus, démontrera votre adaptabilité et votre approche personnelle des situations nouvelles ainsi que votre potentiel à le faire. Le fait de le perdre sera peut-être déjà une situation de crise à gérer.

Qu'est-ce qu'une crise ?

La crise est un processus qui, sous l'effet d'un événement déclencheur, met en éveil de façon globale et brutale une série de dysfonctionnements. Ceux-ci, pris isolément, auraient pu passer inaperçus ou être traités de façon particulière et souvent cloisonnée. L'aspect positif des crises est souvent de pouvoir mettre à jour et assainir certaines situations non appréhendées auparavant ou souvent volontairement ignorées tant qu'un problème majeur n'est pas apparu. S'agissant du fonctionnement des organisations, il est également intéressant de remarquer qu'en cas de crise externe, les Problèmes et les différences internes seront momentanément oubliés pour une mobilisation commune. Chaque lecteur pourra très certainement retrouver beaucoup d'exemples dans sa vie quotidienne, à la fois professionnelle et personnelle. Le terme « crise » est volontiers employé pour les situations financières, pétrolières et économiques délicates qui procurent des effets macro-économiques induits sur les aspects sociaux et notamment l'emploi. En revanche, les expressions de « situation de crise », « cellule de crise » « plan d'intervention et de continuité » seront davantage utilisées pour des « accidents » comme un naufrage de pétrolier, un crash aérien, une prise d'otage, des fuites radioactives dans l'atmosphère ou de benzène dans l'eau, la destruction d'habitations après une tornade ou un torrent de boue. Ces situations nécessiteront généralement l'intervention de personnels spécialisés et/ou de forces d'intervention.

Enfin, il sera également employé dans le management pour des problématiques de fonctionnement ; dans le domaine médical pour certains Dysfonctionnements sur et à l'intérieur du corps (qui montre aussi les liens du « bio-management ») ; mais aussi dans le domaine du sport quand, par exemple, un joueur de golf renommé disparaît subitement d'un tournoi par contre performance. La crise a des effets destructeurs sur les produits et les services, mais également sur les personnes et les organisations ainsi que sur l'image de marque, souvent liée à une identité humaine. Les préoccupations sociales, culturelles, économiques alimentent surtout une préoccupation médiatique dirigée par des personnes où l'on parle souvent de victimes et de responsables. Même s'il s'agit de défaillances techniques, l'humain est de toute façon jugé directement ou indirectement.

Mais dans tous les cas, elle traduit une inadéquation soudaine entre les acteurs et leur environnement naturel, qui met en faillite temporairement ou définitivement toute capacité à appréhender, traiter et contrôler les événements émergents, ce qui confirme un lien fondamental avec le facteur humain. L'origine des faits déclencheurs est certes liée à un système ou à un produit, mais elle est souvent le fait d'erreurs humaines ou matérielles liées à un manque d'expérience, d'entraînement ou à une absence de contrôle des processus. Il pourrait être rassurant de confier peu à peu la faisabilité et le contrôle des processus à l'intelligence artificielle. Ce serait oublier, cependant, que si « l'erreur est souvent humaine », certains accidents aéronautiques ont été souvent évités grâce à un pilote qui pratiquait aussi le planeur et savait faire abstraction des équipements de bord ! Ainsi, bien que souvent source de dysfonctionnement ou limité dans sa capacité d'intervention en dehors des éléments non contrôlables, l'humain peut aussi être vecteur de solution. Les erreurs de gestion de crise les plus fréquentes sont liées au silence, à la volonté de rassurer à tout prix, à l'absence d'humilité ou d'interlocuteur désigné, à la multiplication des interlocuteurs, à la « langue de bois », aux délais d'information interne trop importants, à la sous-estimation des moyens et de la rapidité des médias, au manque de communication et de formation en période calme, au repli, à l'absence de conscience du sens des responsabilités tant sur les causes que sur les processus d'intervention. En somme, à l'humain plus qu'aux outils. Les solutions seront adaptées à l'environnement, aux « réalités », au problème particulier, mais souvent avec des outils transverses à la fois stratégiques, opérationnels et humains. La particularité des crises est la nécessité d'intervention rapide, synthétique, sous stress avec des choix et des actions à prendre. Cette situation semble bénéfique pour les uns, car ils paraissent plus efficaces ; néfastes pour les autres qui semblent perdre leurs moyens. Il existe donc un lien avec les tempéraments, la façon de ressentir ses émotions et de fonctionner.

L'aspect psychologique de la gestion de crise

Comme dans bien d'autres domaines, les méthodes éprouvées de gestion de crise utilisent des fondamentaux techniques et organisationnels qui peuvent évoluer en fonction du cadre d'intervention et de la nature des acteurs. Dans les deux cas, les ordinateurs, les systèmes d'information et autres moyens matériels de communication s'avèrent des outils précieux. Mais il convient de se rappeler, et les constats énoncés plus haut le disent bien, que nous avons essentiellement affaire à des hommes et des femmes qui doivent s'informer, analyser, décider, communiquer, négocier ou intervenir et que rien ni personne n'est à l'abri de quoi que ce soit dans sa sécurité ou dans son comportement. Aussi, en cas de problème, une continuité ponctuelle et sur la durée est à assurer. Gérer efficacement une crise c'est aussi mieux comprendre qu'il est important de savoir « faire le deuil », être en écoute active, être en autonomie avec la situation et/ou ses interlocuteurs, comprendre ses émotions et renforcer ses ressources pour y faire face.

Le deuil

Gérer la perte d'un contrat, d'un client ou une crise revient à gérer le deuil d'une personne : toutes les phases doivent être pleinement vécues avec courage et responsabilité sous peine de vivre en permanence avec un poids ou encore de ne pas tirer profit de cette expérience. Ce passage de phases représente souvent un effort. Celui-ci est différent en intensité et en durée selon les personnes et les situations. D'abord l'état de choc : physique, émotionnel, mental, alimentaire... puis le déni : « ils ont dû se tromper, pourquoi ? Pourquoi moi ? »... puis arrive la colère vers l'extérieur ou contre soi. Vient enfin le marchandage : « et si on réécrivait l'histoire »... puis la dépression préparatoire : accepter la réalité et enfin l'acceptation normale : apprendre à vivre avec, ou supérieure, avec assimilation du *feed-back*.

La figure 1 explique les phases de deuil de la situation de crise du naufrage de l'Erika qui pollua les côtes bretonnes. Elle a pu s'appliquer aux événements du 11 septembre comme pour les deux récentes catastrophes aériennes du mois de juin 2009.

L'écoute active

La collecte des informations humaines ou la gestion des comportements en situation de crise devrait d'abord passer par la prise de conscience de la zone « d'écoute active » entre deux interlocuteurs : la relation est-elle suffisamment transparente entre les deux interlocuteurs ? Sont-ils en confiance ? En effort ? Trop exigeants ? Trop conciliants ? Ce que je vois chez mon interlocuteur est-il cohérent (en congruence, voir plus loin) avec ce qu'il ressent ? Les méthodes exposées dans les typologies de la personnalité, exposées plus bas, pourront donner quelques pistes de solution pour consolider cette zone et permettre ensuite un travail plus efficace sur la compréhension de l'environnement et surtout du problème. Les barrières seront tombées, mais devront être surveillées avec vigilance

(figure 2).

Les techniques de négociation raisonnée, visant à ce que chaque partie quitte sa position de départ pour parvenir à une approche constructive et objective, sont bonifiées par cette prise en considération initiale et permanente de l'écoute active

(figure 3).

L'autonomie avec un interlocuteur et/ou une situation

Il est également important d'évaluer son degré d'autonomie face à une personne, un groupe en crise ou une situation de crise pour faciliter la réduction et la résolution de la problématique et construire le plan de continuité. La situation optimale et satisfaisante sera atteinte après avoir passé en revue et corrigé les trois premières :
- suis-je en situation de « dépendance » : je suis moins fort (-/+) que l'autre, je vais avoir du mal à répondre aux attentes, je ne vais pas être assez fort pour affronter cette situation ;
- suis-je en situation de contre-dépendance : je ne suis pas fort, il ne l'est pas non plus (-/-) ;
- suis-je en situation d'indépendance : je suis le plus fort, c'est à prendre ou à laisser ! (+/-)
- et enfin, la situation idéale : l'interdépendance (+/+) : nous sommes forts tous les deux, nous allons jouer « gagnant gagnant », je vais apprendre avec cette situation, vous avez des choses à m'apporter. L'apprentissage permettra ensuite de pouvoir adopter une position de maturité « méta », de situation d'aigle ou d'hélicoptère, afin de mieux apprécier, gérer et corriger les situations rencontrées.

Comprendre ses émotions et renforcer ses ressources

La vision globale de l'intelligence émotionnelle, très présente en gestion de crise et révélatrice de certains comportements, passe par cinq phases qui sont :

- la conscience de soi : savoir déchiffrer ce que nous ressentons, comprendre en quoi cela affecte nos décisions et comportements, être réaliste sur nous-mêmes. Qui suis-je ? Quelles sont mes émotions face à une situation ? En quoi cette émotion affecte-t-elle mes pensées et mes actions ?

–   la maîtrise de soi : capacité à résister aux tempêtes intérieures, contrôle de soi, fiabilité, adaptabilité, innovation ;

–   la motivation : savoir tirer parti de toute situation et de toute expérience, qu'elle soit réussite ou échec, est riche d'enseignements, savoir trouver une solution, même partielle, exiger l'excellence, s'engager, avoir de l'initiative, être optimisme ;

–   l'empathie : savoir envisager une situation du point de vue de l'autre, décrypter les sentiments et les besoins, avoir la passion du service, enrichir les autres, exploiter la diversité, avoir le sens politique ;

–   les aptitudes sociales : être conscient que les émotions sont contagieuses et être capable de les utiliser, décrypter les situations et les réseaux humains par la communication, la collaboration, la coopération et la mobilisation des équipes.

Certes, nous ne sommes pas des machines, mais certaines études ont démontré la relation entre les mots, les émotions et le cerveau pour se mettre en confiance afin de mieux affronter l'épreuve. La Programmation neurolinguistique (PNL), née vers 1970 aux États-Unis d'un linguiste (John Grinder) et d'un mathématicien (Richard Bandler) est une forme de « psychologie appliquée » aux processus cognitifs (penser, créer, imaginer, etc.) qui s'intéresse au « comment » plutôt qu'au « pourquoi ». Elle observe les comportements, relève les indices, s'adapte aux observations, mais impose de regarder son environnement avant toute décision, choix et perception sensorielle. Lorsqu'une épreuve survient, le simple fait de pouvoir se revoir dans une situation agréable (sur une plage, calme, non stressé, ou bien au chaud sous le soleil, ou enfin dans la situation d'une sortie de crise accomplie récemment avec succès) peut mettre le cerveau dans une condition favorable de réussite, car nous avons su lui réinjecter les ressources nécessaires de mise en confiance. De plus, le cerveau fonctionnant un peu comme un ordinateur, il devient possible ensuite «d'ancrer », de « sauvegarder » cette ressource pour mieux la retrouver en cas de besoin, surtout de façon urgente, comme un fichier sauvegardé dans son ordinateur.

Ainsi, pour marcher sur une ligne à cinq mètres du sol afin de sauver une vie, une solution consistera simplement à s'imaginer marcher sur le sol, où il n'y a aucun danger (même si l'exercice est loin d'être évident). Si cette expérience vous semble étonnante, n'hésitez pas à projeter vos pensées vers un précédent succès de sortie de crise par exemple, ou sur une piste de ski avant d'affronter la gestion d'un crash aérien, d'une explosion ou d'une prise d'otage, comme vous le feriez aussi pour vous enlever une bonne migraine. De la même façon, il est possible de chasser une image négative potentielle ou existante par la propulsion énergique d'une image positive, valorisante et grandissante. N'hésitez pas à « effacer virtuellement » une usine en feu ou la vision potentielle de corps démembrés si ceux-ci vous empêchent d'intervenir. Cet exercice peut même être réalisé en toute discrétion face à un interlocuteur ou un piquet de grévistes agressifs. N'oublions pas, enfin, que le cerveau a besoin d'objectifs positifs et qu'il entend les verbes et les actions. L'exercice consiste à toujours trouver un substitut positif à un énoncé négatif. Ainsi ne dites pas : « il ne faut pas perdre cet avion », car vous avez toutes les chances de le « perdre » (on dira plutôt aux enfants « d'attendre que le bonhomme soit vert » plutôt que « de ne pas traverser très vite »), mais plutôt : « nous allons tout mettre en oeuvre pour le faire atterrir à cet endroit ».

Nous ne voyons généralement qu'un tiers de nos émotions et il est important de vérifier la « congruence » existant entre ce que l'on voit et ce que l'on entend chez soi et chez l'autre, surtout en période de crise et de stress intense. Par exemple, cette congruence n'existe pas si une personne dit que tout va bien alors qu'elle est en train de transpirer anormalement. Nos mots, nos tournures de phrase influencent notre système neurologique, nos états émotionnels et notre comportement. Les émotions passent d'abord par une phase de perception interne de pensée (1/3), puis de ressenti de sensation, de sentiments et d'émotions (1/3) puis, enfin, de comportement et d'expression externe (langage du corps, de la voix, du regard) (1/3) que nous voyons. Nos réactions sont également influencées par nos valeurs (critères les plus appréciés), nos croyances (certitudes personnelles sans preuves matérielles ni rationnelles), nos omissions (attention sélective à certaines dimensions du vécu, occultant une partie de la réalité) et nos généralisations (tirer prétexte d'une expérience personnelle pour déboucher sur une conclusion générale).

Cette compréhension globale d'émotion, couplée aux méthodes de la partie abordée ci-dessous, sera efficace dans toute situation pour trouver une certaine confiance. Elle s'adresse aussi et surtout aux forces d'intervention dont c'est le métier de défendre, secourir, protéger. Mais sa maîtrise pourra être différente en qualité et en délai en fonction de la typologie de personnalité de chacun au profit pourtant d'un même objectif.

Les typologies de personnalité

Une compréhension ou une intervention de crise pourra être mise en oeuvre et atteinte sous des formes différentes, car il existe plusieurs manières de fonctionner, de s'adresser aux autres de collecter ses informations et de prendre ses décisions. Intervenir sur une prise d'otage, opérer sur un feu ou après une explosion, savoir prendre les mesures qui s'imposent après un ouragan ou un risque de contamination, réagir à une intrusion ou une attaque subite ne sera pas ressenti de la même façon par chaque personne même si l'objectif à atteindre reste le même. L'efficacité dépendra souvent de la préférence de fonctionnement ou de l'exercice accentué sur la « zone d'ombre et d'effort ». Nous apprenons que nous adoptons des comportements confortables si nos tendances naturelles rejoignent les demandes de l'environnement.

Dans le cas contraire, nous sommes plutôt dans une situation d'effort. La connaissance de nos tendances naturelles nous permet de mieux nous connaître, mais aussi de comprendre le fonctionnement des autres et nous adapter à diverses situations, voire les anticiper en identifiant les zones d'effort et de confort entre nos pôles de préférence et nos opposés et surtout d'apprécier et de doser consciemment nos dépenses d'énergie dans nos comportements ainsi que notre volonté et notre nécessité de le faire. L'idéal est de pouvoir atteindre un certain équilibre et, de façon imagée, «marcher sur ses deux pieds » même s'il convient de ne pas oublier son « pied d'appel » qui signe notre préférence.

À titre d'exemple, lorsqu'elles sont confrontées à l'art et à la peinture, certaines personnes prennent vraiment conscience qu'il existe d'autres façons de voir, de faire, de comprendre que la leur. Il existe souvent plusieurs visions au sein d'un même groupe. Si un exercice consiste peut-être à trouver ce que voit l'autre, le travail fondamental est d'accepter la vision de l'autre même si on ne la voit pas ou de l'apprécier si on ne l'aime pas. Impressionnistes et expressionnistes sont sur deux polarités différentes, mais peuvent se retrouver au milieu du gué en pensant objectivement à l'image d'origine qui a été soit retranscrite, soit développée. Il en est de même pour les conflits et les négociations où l'objectif est de parvenir à un résultat voulu, partagé ou à une meilleure solution de rechange sur une approche raisonnée. Dans chaque situation de crise, face à un individu, un groupe ou une organisation, il s'agit de voir, puis d'entendre et enfin de comprendre. Certains outils complémentaires permettent de maîtriser ces trois composantes pour mieux gérer la situation rencontrée, allant du réconfort de familles à la négociation avec des preneurs d'otage.

Voir son interlocuteur ou les typologies de morphopsychologie

La façon de voir son interlocuteur est aussi un exercice de gestion et de réduction de crise pour se synchroniser à son interlocuteur. Les schémas ci-après montrent quelques clés d'appréciation de la morphopsychologie mise en place par Jacques Corman. Les éléments qui vont suivre n'ont pour but que de comprendre les différences morphologiques sans jugement, notamment dans un but d'intelligence de communication et de comportement. Certaines personnes pourront se sentir « cataloguées » par cette approche particulière, mais devront comprendre et accepter leur patrimoine génétique qui peut notamment être mis en valeur au sein d'un groupe. « La santé écologique d'un lac se mesure à la diversité des espèces qui la composent ». Enfin, il s'agit d'une sensibilisation générale de « premier coup d'oeil », qui peut être développée par une formation approfondie, pouvant orienter une action d'efficacité et d'équilibre, mais en aucun cas servir de science exacte et unique à tout acte de sélection. Un visage se lit en trois parties distinctes. Comme l'explique la figure ci-dessous, chaque partie du visage correspond à une zone du corps. Il est possible de distinguer une zone réduite, une zone dominante ou alors un visage équilibré.

figure 4

L'étude de l'étage dominant pourra définir si on a affaire à une personne plutôt instinctive, affective ou cérébrale. Cette identification permet donc déjà un premier aperçu du mode de fonctionnement de son interlocuteur. Il s'agit ensuite de comprendre la loi de rétractation / dilatation et certaines typologies afin d'optimiser la synchronisation humaine ou prévoir certaines attitudes.

figure 5

Certaines personnes préfèrent vivre avec extraversion, optimisme, hypo sensibilité, besoin d'énergie quand d'autres préfèrent survivre en retrait, hypersensibilité, conservation d'énergie. De façon imagée, ces visages correspondent à une maison avec de grosses ossatures (dilatation = vivre) ou des petites (rétractation = survivre). Les premiers aborderont peut-être la crise avec « appétit », mais s'essouffleront par manque de ressources, alors que les seconds seront éventuellement trop attentifs, pas suffisamment réactifs, mais plus résistants. Ensuite, certaines personnes préfèrent plutôt avancer, avec tonus, dynamisme, alors que d'autres ont plutôt tendance à contrôler. Pour trouver une correspondance imagée, la figure ci-dessous montre l'image de deux trains, le TGV roulant plutôt sur une voie spéciale avec un aspect très profilé (latéral = avancer) qui ira très vite, qui déraillera sans forcément se renverser, mais qui aura du mal à freiner, et a contrario un train régional, à l'aspect plus frontal (= contrôler) qui roulera moins vite, qui s'arrêtera plus souvent mais qui freinera difficilement. Les premiers s'engouffreront dans le problème avec leur vision et leurs outils, mais aussi avec risque s'ils se sont trompés de voie, les seconds avanceront de façon consolidée, mais peut être trop lentement.

figure 6

Les récepteurs (yeux, bouche, oreille) sont également des éléments importants. Comme des coupoles de radar ou des antennes, ils permettront un échange d'informations important et bien alimenté s'ils sont grands, ouverts et épais. Au contraire, ces échanges seront précis, sélectifs et de plus grande qualité si les récepteurs sont fins et fermés. En outre, si les yeux sont concentrés au centre du visage, ils annonceront plutôt de la réflexion, de la gestion d'énergie. Pour revenir à la lecture des « étages », des yeux concentrés au centre du visage laisseront plutôt à penser à une vie affective réduite. Un visage pourra enfin être apprécié par son « modelé », l'épaisseur de chair et de muscles qui donne la forme du visage. Les modelés ronds seront plutôt dans la conciliation, les creux dans la défense et la susceptibilité, les plats dans la réserve tant qu'ils ne seront pas en terrains électifs, et enfin les mixtes (Talleyrand) dans l'exigence, la conciliation, mais également la compromission pour accéder à ses fins. Au-delà du visage, le corps en lui-même dévoilera soit une grande tonicité pour l'action, si l'on a affaire à une personne petite et trapue, soit un certain attentisme et un sens artistique pour une personne grande et mince. Ici aussi, l'avantage de cette connaissance permettra de pouvoir anticiper la possible attitude ou réaction de l'interlocuteur afin de maîtriser la relation, surtout en situation de crise où l'on cherchera d'abord à sauvegarder ses besoins psychologiques. Cette approche de morphopsychologie dresse un premier aperçu de la façon dont fonctionne en général son interlocuteur. Les parties qui vont suivre abordent cette fois également les notions de comportement sous stress pour mieux se connaître soi-même face à certaines situations ainsi que son interlocuteur de façon à maîtriser les actions à entreprendre.

Les typologies de l'analyse transactionnelle

Cette théorie de la personnalité créée par le psychiatre américain Éric Berne (1910-1970), puis enrichi progressivement, met en éclairage les États du «Moi » sur la base de scénarios construits par l'enfant (peur de l'inconnu) et de jeux psychologiques selon les hypothèses suivantes :

−   la structure psychologique d'un individu se révèle à partir de la façon dont il communique avec autrui ;

−   un changement personnel se traduit par de nouveaux modes transactionnels ;

−   les connaître permet de s'en protéger.

L'analyse transactionnelle nous enseigne que nous avons tous été enfants, que nous avons eu des parents (vrais ou de substitution) et que nous savons être adultes et fonctionner sans émotion).

figure 7

La crise nourrissant les émotions, il est fréquent de voir les personnes fonctionner davantage en parent ou en enfant. Comme lors d'une négociation, il conviendra de tenter de raisonner de façon objective, sans émotion liée à la personne. Par exemple, à la question : « Que s'est-il passé ? », l'adulte répondra, avec une transaction parallèle que « l'usine a explosé à 15h00, les causes ne sont pas connues et les secours sont sur place » plutôt que l'enfant par une transaction ici croisée... « Comment voulez- vous que je le sache aussi vite ! ». Nous savons fonctionner sur chacune des trois polarités et comme en négociation, il conviendra de choisir la partie adulte « objective » pour une meilleure efficacité. Un des fondamentaux de la communication consiste à savoir se synchroniser à son interlocuteur. Nous apprendrons également en intelligence économique à nous «désynchroniser » pour nous protéger des jeux d'attaque. Le théorème de Nash (figure 3), plutôt vu en économie, qui emploie aussi une théorie des jeux, est une composante de la négociation et de la communication. Il s'agit d'essayer de modifier la position de son interlocuteur afin de négocier de façon objective, voire de l'amener sur son propre terrain où l'on se sent le plus à l'aise. Une négociation raisonnée et constructive devra avant tout faire abstraction des questions de personnes et revenir sur des aspects objectifs de « l'adulte ». Les outils de communication seront alors souvent indispensables pour y parvenir.

Entendre son interlocuteur ou les typologies du process communication

Taibi Kahler 3, qui travaillait pour le compte de la NASA, a modélisé une approche typologique de communication dérivée de l'analyse transactionnelle. Il identifia six profils et leurs caractéristiques en les organisant chez chaque personne afin de pouvoir les comparer avec tout interlocuteur identifié. Chaque individu a une base de fonctionnement, d'écoute et de langage généralement issue d'une compensation d'un état vécu étant enfant. Les expériences professionnelles et personnelles engendrent ensuite des changements d'état qui produisent des modifications dans la façon d'être ému par une personne, un comportement, une situation.

La figure 8 explique comment chaque personne possède un « immeuble » de communication avec un rez-de-chaussée, la porte d'entrée de l'immeuble 4 (la base), des étages aménagés éclairés ou non et aménagés de façon différente où elle peut se diriger en prenant l'ascenseur, où elle peut aller facilement, voire y rester sans efforts, des greniers non aménagés où se rendre pour communiquer, mais avec effort et donc stress, sans pouvoir y rester longtemps et une cave où descendre quand la personne exprime un stress intense de problème de communication 5. Le tableau 1 nous montre que le concept met l'accent sur les aspects positifs du masque qui sont employés pour échapper à son « crapaud » : par exemple, un travaillomane misera sur le travail, prendra de la distance et jugera les autres stupides s'ils ne le suivent pas pour éviter de penser à la possible non qualité de son travail : « je suis bon et j'ai raison, car je travaille beaucoup ». L'utilisation du modèle en gestion de crise permettra de se synchroniser rapidement aux besoins psychologiques de l'interlocuteur pour construire ou rétablir rapidement la phase d'écoute active (cf. supra) afin d'établir ou de rétablir un dialogue positif. Le monde médical est peu à peu sensibilisé à ce modèle pour aller rapidement aux causes de la douleur par le dialogue (tableau 2).

Figure 8

Tableau 2

Comprendre le fonctionnement profond avec les polarités de Jung

Les polarités de Jung et le MBTI (*Myers Briggs TypeIndicator*) sont un formidable outil pour apprendre à se connaître et connaître les autres afin d'adapter son comportement à diverses situations, voire à faire des choix d'orientation personnelle et professionnelle. Le MBTI permet à chacun d'identifier son propre mode de fonctionnement et ses préférences. Il est issu du travail de Jung au début du XXe siècle puis de Katharine Briggs (1950) et sa fille Isabelle Briggs-Myers (1980). Il se fonde sur deux principes essentiels que sont les comportements et attitudes ainsi que les préférences et les polarités. En choisissant de vous former à ce modèle le plus répandu dans le monde, et reconnu par les entreprises, vous pourrez, comme nous le rappelions au départ, l'appliquer dans votre vie professionnelle ou personnelle. La figure suivante expose brièvement les polarités dont il est question : comment avez-vous besoin de vous ressourcer ? Comment collectez-vous les informations ? Comment prenez-vous vos décisions ? Comment fonctionnez-vous de manière générale ? Une personne ayant une préférence « S » saura aussi aller sur « N » en stress intense non contrôlé alors qu'elle pourrait découvrir d'elle-même les atouts d'une maîtrise de la « zone d'ombre » opposée. Une personne équilibrée ira spontanément analyser son fonctionnement sur l'une ou l'autre polarité en fonction des circonstances pour vivre, mais limiter les effets de l'émotion 6. Nous savons mieux qui est notre interlocuteur lorsqu'il est stressé, car les masques sont tombés et il est donc plus aisé de retrouver son fonctionnement naturel. Nous verrons également plus loin que le but de la synchronisation et de la communication, surtout en période de crise, sera de créer l'osmose, « l'interdépendance » afin de limiter ce stress et permettre de durer dans une démarche constructive objective

(figure 9).

En gestion de crise, l'utilisation du MBTI et des compréhensions de préférence de fonctionnement permettra de mettre à jour certains risques :
- une personne plutôt de type « S », les pieds sur terre, se focalisera sur ses expériences en oubliant les nouvelles options (N, tout est possible) ;
- au contraire, une préférence « N » sera attirée par une nouvelle théorie stimulante en oubliant les retours d'expérience « S » ;
- certaines personnes se focaliseront sur une solution logique « T » en oubliant les impacts sur les personnes et les notions de valeurs humaines « F » ;
- certaines personnes trop proches des valeurs « F » refuseront de prendre des décisions logiques et souvent difficiles « T ». En revanche, la gestion de crise en groupe, où toutes les polarités seront représentées, sera une force pour le recueil des informations et la prise de décision, notamment pour la constitution d'une cellule de crise :
- diagnostic du « S » : définition du problème, observation et analyse, utilisation des outils de processus (Ishikawa, AMDEC, etc.) ;
- solutions du « N » : idées nouvelles, démarches analogiques, prospectives combinatoires et expérimentales, considération de toutes les options (GROW, etc.) ;

- motivation du « F » : finalité et cohérence, partage du projet, communication, évaluation des options ;
- analyse du « T » : coût, rendement, analyse multicritères, attribution de points, conséquences de chaque option.

Les tempéraments issus de croisement entre polarités auront aussi toute leur importance pour cette compréhension tant pour mieux se définir que d'être en osmose avec son interlocuteur ou… savoir s'en protéger ! (figure 10) Il est ensuite possible d'identifier son profil parmi seize autres en combinant les polarités (figure 11).

Figures 10 et 11

En gestion de crise, il faudra parfois négocier et il conviendra d'identifier qui fonctionnera sur les valeurs, sur l'intuition, la logique ou les faits. Comme nous l'avons dit, toute situation de crise représente un stress qui permet de se connaître pour gérer ses émotions et son « savoir être », mais également de mieux connaître son interlocuteur… une fois le masque enlevé. Il sera, par ailleurs, possible de bâtir ses questionnaires de suivi sur les polarités de Jung pour ensuite connaître son interlocuteur sur le fond sans profiter du « confort » du management qui permet aux deux interlocuteurs de découvrir eux-mêmes leur typologie. Mais parfois, il apparaît évident que nous n'avons ni le temps ni l'opportunité de le faire.

Les typologies de l'énnéagramme

Un outil complémentaire, « l'énnéagramme », est assez décrié, car lié à l'enseignement ésotérique de Gurdjieff (1872-1949) tiré des pères du désert (4e siècle ap. J.-C.). Il fut repris par le psychologue chilien Oscar Ichazo en 1970 et le psychiatre Claudio Naranjo et intégré ensuite par Helen Palmer et Anne Linden dans les modèles PNL. Vieille conception enseignée au Moyen-Orient, elle démontre neuf structures de personnalité (Enné : neuf en grec, gramme : mesurer) avec la recherche d'une dominante en structurant la personne sur l'un des trois centres : instinctif, émotionnel ou mental utilisé vers l'intérieur, l'extérieur ou pour l'équilibre.

Nous obtenons un polygone à neuf sommets, qui laisse apparaître les liens entre la personnalité de base et sa possible évolution en stress ou en bien-être. Chaque type est bien entendu détaillé dans la littérature et les formations sur ce sujet 7

(figure 12).

Conclusion

Chaque crise peut être particulière, de nature différente et posséder ses facteurs déclenchants et ses effets liés. Certaines sont éteintes à court terme quand d'autres nécessitent des délais indéterminables. La place de l'humain apparaît majeure dans les causes des crises, mais aussi et surtout dans leur gestion pour parvenir à une sortie satisfaisante. Elle n'est toutefois pas entière, parfois en raison des éléments environnementaux non maîtrisables et peut être améliorée par des éléments matériels conçus par l'humain.

La notion de crise demande une intervention rapide. Or, la prise de responsabilité, la façon d'être avec les autres, de collecter les informations, de prendre les décisions et de s'adapter aux situations délicates, mais aussi la façon de communiquer ne seront souvent pas les mêmes en période de crise que pour le traitement de vie courante où les modes de fonctionnement sont déjà souvent compliqués.

Certaines personnes se révéleront quand d'autres se mettront en retrait selon l'émotion et l'effort à accomplir. L'intuition aura ses limites quand l'incompréhension apparaîtra alors qu'il faudra agir avec encore davantage de sens et d'efficacité qu'en période normale. Il semble donc intéressant et opportun de prendre en compte certains outils de facilitation permettant de mieux s'adapter à certaines situations, certaines personnes et certains comportements dans ces moments particuliers. Issus des modèles psychologiques de Jung, de l'analyse transactionnelle et de la programmation neuro-linguistique, et définissant certains types de personnalités, ces derniers permettent d'apprendre à se connaître, mais aussi à voir, entendre et observer.

Toutes ces techniques ont un lien commun et peuvent être rassemblées sous un même référentiel complexe 8 permettant de comprendre les « fondations » humaines et elles font l'objet d'un travail de recherche permanent. Capitaliser sur la personne peut donc aider à résoudre les crises avec des résultats éprouvés en termes d'effet de levier sur les processus.

Mais, si une bonne maîtrise des risques en amont peut certainement éviter et estomper certaines crises, mais pas un événement, car le risque zéro n'existe pas, l'utilisation de ces méthodes, bonifiée par un apprentissage permanent, ne pourra certainement régler tous les problèmes comme une science exacte. L'humain restera pour longtemps le système le plus complexe.

SIESTE CONSEILLEE, VOIRE OBLIGATOIRE
EN ENTREPRISE

Si la productivité passe par l'amélioration des outils, de l'organisation et du poste de travail, elle dépend également de la prise de recul, de la gestion de l'énergie et de la capacité à comprendre que nous ne sommes pas des machines et que chaque être est différent.

La sieste en est un des ingrédients au profit également de la limitation des accidents de travail et des facteurs de risques liés au stress.

Socialement peu admise, elle bouscule les codes et est plus ou moins bien comprise selon les « lunettes », le pied d'appel psychologique du lecteur et le degré d'équilibre de son profil de personnalité pris avec l'outil que vous voudrez (MBTI, TMS, Enneagramme, PCM, couleurs etc…). Si adoptée, elle sera acte de paternalisme et de bienveillance pour les uns, mais acte logique d'efficacité ponctuelle et organisée pour les autres.

Au même titre que l'on regarde combien coute un séminaire sans voir l'effet de levier qu'il peut avoir sur le fonctionnement et le développement de l'entreprise, il est coutume de pointer la durée du travail sans se rendre compte de la baisse d'efficacité et de productivité de l'heure marginale. Notre historique modèle d'accompagnement social en prend un coup.

Et pourtant, l'aide à la gestion du stress est évidente, même s'il faut en conserver le minimum bénéfique, ainsi que l'aide à la créativité et à l'attention car elle permet au cerveau de reprendre structure et aux pensées de se réorganiser. Il faut la voir aussi d'un point de vue sécuritaire pour les ouvriers travaillant sur les machines, sur les chantiers de BTP et que dire des chauffeurs…

N'attendez pas de piquer du nez et de dépasser la ligne rouge énergétique au risque de devoir gérer une crise. Douze heures après le réveil sont maximales et pour la grande majorité, la journée de travail est déjà terminée. Le début d'après midi est donc conseillé pour conserver une batterie bien chargée. A vous de détecter si vous devez dormir à horaire régulier avec le risque de ne pas pouvoir le faire certains jours alors que l'horloge le réclame, ou si vous devez apprendre à dormir dès que possible comme les militaires sur le terrain de manœuvre ou le champ de bataille, les politiques surchargés, ou autres dirigeants, cadres ou artisans ne comptant par leurs heures. Ayez donc toujours si possible un masque dans votre sac. Faites-en de même au volant !

Bien entendu elle doit être courte, entre 10 et 15 minutes maximum pour ne pas perturber l'organisation mais surtout pour respecter les phases de sommeil de la nuit. Elle peut être pratiquée dans son bureau, plus ou moins confortablement mais pourquoi pas dans des salles des repos au même titre que l'on voit des salles de remise en forme, hélas surtout pour les cadres.

Elle ne doit pas être une revendication syndicale mais un acte de management de la direction qui doit donner la « permission » avec « protection » et doit surtout donner envie de façon encadrée pour éviter les abus mais aussi protéger des moqueries ceux qui s'y adonnent. Rappelons-nous que certains organismes réclament 6 heures de sommeil et d'autres 8 heures, que certains n'auront pas de caries sans se brosser les dents alors que d'autres en auront en se les brossant deux fois par jours. Elle peut être prise en phase de retrait dans votre *PRAJI* (voir article) mais de toute façon intégrée au temps de travail.

Et pourquoi ne pas imposer, comme autrefois en maternelle, un temps de repos sans forcément dormir ? Vu les constats énoncés, il pourrait aussi être finalement bénéfique pour tous, meme pour ceux qui n'en n'ont *a priori* pas besoin ...

LA MAGIE ET LA FORCE DE LA SINCERITE

Charles Aznavour aime dire merci à tous ceux qui disaient qu'il ne saurait jamais chanter et jamais écrire. Après 27 ans de vie de patachon sans trouver la lumière, le va-tout du « je m'voyais déjà », fut le déclencheur qu'attendait le public, en France mais surtout à l'étranger, pour le porter au succès. Une revanche ? Non, une simple victoire de la sincérité qui fonctionna trois fois mais qui alimenta aussi son amertume. Je me permettrai de reprendre beaucoup de mots de l'artiste et de M. Drucker.

Né en France de parents immigrés arméniens le « petit Charles » Aznavourian s'est rapidement dirigé vers le spectacle car les études étaient payantes à cette époque au-delà du certificat élémentaire. Il était capable de tout faire et d'écrire pour certains noms sans pourtant pouvoir percer. Il fut surtout remarqué au cinéma avec un physique pourtant ingrat pour la chanson mais qui lui reconnaissait dans cet univers une certaine personnalité.

Mais cela ne pouvait satisfaire le besoin psychologique de ce puriste des mots et de la chanson sans avoir fait d'études, qui n'a pas de mentor en France, a fabriqué sa méthode, son « truc à lui », n'ayant pas peur du ridicule de demander des conseils à des gens sur des mots qu'il ne comprenait pas, prenant le temps pour le mot juste avec son poids, son rythme, sa couleur.

Comme au poker, il lança finalement cette chanson du débutant comme il le dit, récitant en fait l'envers du décors du cours de sa vraie vie ouvrant mille portes d'images, apportant un fond culturel et historique, l'évolution d'une époque, celle de son histoire artistique mêlée à celle de la société. Alors que les autres disaient qu'une chanson sur le métier ne fait jamais un succès, elle le lui donna. Mais tout le monde n'aurait pas pu l'écrire.

Vint ensuite Piaf, une autre extra-terrestre sensible, qui le pris sous son aile et le présenta aux Etats-Unis lors des « campagnes napoléoniennes ». Cela lui vaut aujourd'hui d'avoir été repris par Ray Charles ou son idole Sinatra et d'être chanté dans 6 langues étant désormais une valeur sûre. Certains penseront aussi à Mireille Mathieu ou à d'autres à travers le monde.

Mais quand certains se rassasient du succès apparent, celui-ci n'a été pour lui que du vernis. Les journalistes, qui ne savaient pas qui il était vraiment, ne se sont intéressés qu'aux questions existentielles que l'on pose à toutes les stars, alimentant les idées toutes faites du public. Bien sur il ne pu s'empêcher de se comporter comme une star avec son coté « bling bling », son envie de tout avoir, de réussir, de s'en donner les moyens, de s'acheter des Rolls pour ensuite les revendre après les avoir touchées, et ne plus envie de redevenir pauvre. Mais mieux valait le vivre à l'étranger où l'on sait être bienveillant avec le succès et où l'on pardonne l'échec.

Après une telle carrière, il n'a apparemment toujours pas fait le deuil que personne n'est venu comprendre la dissection de ses chansons. Lui qui sait peser chaque mot avec finesse, élégance et qui sait prendre le temps de s'y habituer, il souffre de ne pas avoir été invité à Apostrophes, contrairement à Ferrat, plus interprète d'Aragon, qu'auteur.

La seconde chanson de sa vie fut « mes amours mes amis mes emmerdes ! » quand il faut poursuivi par le fisc, plumé par ses relations puis relaxé pour ensuite remplir un tiroir de médailles sans forcément pardonner de ne pas avoir été considéré comme sincère même s'il avait commis des erreurs. Cette sincérité permanente lui apporta enfin le vrai amour, facilité certes par le succès qui le faisait connaître, mais avec une femme beaucoup plus jeune qui ne s'intéressa qu'à ce qu'il était et non aux paillettes. Sans doute comprend-elle ce paysan et cet artisan de la chanson. Biensur vous percevrez ces lignes différemment en fonction de votre profil de personnalité mais chacun possède la capacité de mettre parfois d'autres lunettes pour comprendre mieux certaines réalités et la perle intérieure de ceux qui nous entourent.

RESPIREZ DE FACON CONSCIENTE ET FAITES BAISSER VOTRE TENSION ET VOTRE STRESS

On ne le dira jamais assez : respirez! Je reconnais que pour certains profils psychologiques, s'y astreindre n'est pas facile. Mais autant on peut adopter les polarités du MBTI en voyant les électrodes du cerveau s'allumer différemment entre Pierre, Paul, Nathalie, autant il est possible de voir immédiatement le résultat d'une respiration et donc de s'en convaincre pour le bienfait de notre organisme et de notre vie personnelle ou professionnelle.

Le mois dernier, j'ai tenté et réussi à contrôler ma tension lors d'une visite médicale. Au premier bras je dépassais 14. Le médecin ne s'inquiéta pas en me disant que c'était normal qu'elle soit forte en fin de journée, comme pour la température, et me pris alors l'autre bras. Voulant passer en dessous de 14, je me mis aussitôt à respirer doucement et profondément plusieurs fois sans qu'il ne le voie et il s'étonna : « oh tiens bizarre, je trouve 13,8 ». Je vais reprendre aussi le pouls. Ah, tiens ? Il a baissé aussi. Je lui ai expliqué et nous en avons profité pour parler d'autres liens physiologiques.

Les plongeurs connaissent bien cet exercice. Bien entendu, on me dira que j'ai une attitude sportive, que je connais les arts martiaux, que je chante et que j'interviens souvent en public mais ce contrôle du fonctionnement et de l'énergie peut être à la portée de tous.

Respirer pourquoi ?

Comme le moteur de nos voitures, nous avons besoin, entre autres ingrédients, de carburant et d'air. Ces sources d'énergie nous permettent de vivre normalement mais aussi de supporter, sans nous mettre en péril, les efforts que nous provoquons, comme par exemple faire du sport sans y être contraint ou ceux auxquels nous devons aussi faire face sans forcément en avoir la maitrise, comme lors d'une négociation où il s'agit de doser ses efforts et donc son énergie en proportion de vos différences avec la partie adverse et où il faudra ne pas s'asphyxier ni asphyxier l'autre. Il s'agira encore par exemple d'être en confiance avant une intervention ou de pouvoir terminer un travail vous rappelant certaines réalités techniques et calendaires.

Bon exercice de PNL, où l'ordinateur a aussi besoin d'air pour éviter la surchauffe, respirer procure à notre cerveau une sensation de bien être, aide à réassembler nos « fichiers », à relativiser et à enlever pour un temps le sentiment de fatigue car rien ne remplace le sommeil et le repos.

Respirer quand ?

Tout le temps bien évidemment mais surtout avant de franchir une ligne imaginaire, comme rentrer dans une salle, prendre son téléphone, avant de taper la balle pour éviter un mauvais coup ou éviter de taper sur son voisin s'il vous énerve … Mais il faut également respirer pendant l'effort, la réunion, mais cette fois avec discrétion. En coaching, j'oriente souvent sur des séances quotidiennes de respiration de façon retirée mais également se le permettre en public sans forcément que l'entourage ne s'en rende compte, comme pour le *Switch* et l'effacement des énergies négatives en séance. Mais souvenez vous aussi que nous sommes tous différents et l'exercice de Pierre sera peut être différent de celui de Paul ou de Nathalie.

Respirer comment ?

Tout d'abord les deux pieds si possible bien ancrés au sol. Ensuite avec le ventre, et non avec le torse, en inspirant et en le faisant gonfler puis en expirant et le vidant, tout en ressentant le flux de haut en bas puis de bas en haut, comme remplissant et vidant une bouteille restée droite. Il ne faut pas simplement le « faire », il faut en « prendre conscience ».

Par contre, je vous souffle un petit truc et un clin d'oeil : pour les contrôles d'alcoolémie, ne respirez pas en remplissant la bouteille et mieux encore... ne la videz pas !

DEFILEMENT DE TIR OU DEFILEMENT D'OBSERVATION?

Si la stratégie militaire est souvent utilisée en entreprise, d'autres termes cette fois tactiques et opérationnels bien que liés aussi à la stratégie (quoi, pourquoi, quand), peuvent aussi être mis en pratique dans toute forme d'organisations. Il en va du *défilement de tir* et du *défilement d'observation* utilisés surtout dans l'arme blindée mais non uniquement.

Un peloton de chars progresse généralement accompagné de véhicules légers blindés et est supporté par les aéronefs et l'artillerie. Si cette dernière, en arrière de la ligne de front, reçoit souvent ses instructions d'autres acteurs plus au contact, il en est autrement de l'arme blindée qui est dans la mêlée, souvent vulnérable mais qui peut parfois s'aider du terrain pour durer ou surprendre.

Nous n'avons pas attendu les chars pour apprendre à combattre en terrain vallonné. De nombreuses armées à pied ou à cheval avec des chefs inexpérimentés ont cru elles aussi qu'il n'y avait pas d'ennemi de l'autre coté de la bute. Il en est de même pour le conducteur qui double en côte en toute absence de visibilité sans se soucier de la voiture ennemie qui peut apparaître, en considérant qu'il est de toute façon le plus fort.

A contrario, d'autres armées ou campements se sont fait surprendre par un ennemi qui ne s'était pas montré avant de tirer ou de fondre sur l'adversaire quand le moment était venu.

Le char est composé d'un châssis et d'une tourelle contenant un canon et des mitrailleuses. La butte de terrain peut-être pour lui un obstacle ou un atout. Sans totalement se dévoiler avant de tirer, le chef de char peut faire avancer son engin jusqu'à pouvoir distinguer sa cible ou apprécier le risque en utilisant uniquement ses équipements périscopiques de vision en hauteur. Puis il peut soit se retirer sans avoir été repéré, soit donner l'ordre d'avancer pour que cette fois le tireur puisse prendre en compte la cible et que le canon puisse faire un tir plus ou moins tendu. Il devra néanmoins vite reculer et changer de place une fois son tir réalisé afin d'éviter une riposte ciblée, ou alors surgir en fonction de la gravité ou non du danger résiduel. Le sous-marin peut aussi utiliser son périscope avant de faire totalement surface pour avoir un aperçu de l'environnement extérieur qu'il n'aurait pas su déjà reconnaître.

C'est aussi un terrain d'application du MBTI et des polarités de Jung sur le discernement de l'intelligence du comportement et de la gestion du stress. L'*extraverti* trop dans l'action aura plutôt tendance à franchir trop vite la *ligne imaginaire* des situations de tir sans non plus songer à se dissimuler ensuite. Le *pratico-pratique* « S », trop dans le détail et le processus, ne ressentira pas spontanément l'opportunité de saisir cette chance d'appréciation globale du terrain du « N ». Il s'agira aussi de gérer le stress de la prise de décision du choix de l'obus à tirer ou de se retirer en fonction ou non du danger apparu. Souvent, la logique « T » devra l'emporter sur le ressenti « F » porteuse de risques. Parfois il s'agira d'une action organisée en groupe et dans le temps « J » et parfois immédiate individuelle et adaptée à la situation « P ». Tous les chefs de chars ne se ressemblent pas et n'y seront pas prêts spontanément. L'exercice sera pour certains prédominant.

En entreprise, ces situations sont souvent rencontrées mais trop peu analysées. Elles surviennent en négociation face à un client, en dévoilement face à un concurrent, voire dans une approche relationnelle interne d'individus ou d'équipe. Sauf si le terrain a bien été reconnu par d'autres en qui l'ont peut avoir confiance, ne faut-il pas d'abord observer avec dosage sans forcément se faire voir, notamment pour se laisser le choix de l'intervention et des armes, et seulement ensuite se donner la possibilité d'être en mesure d'intervenir avec ou sans surprise, voire ensuite par une présence affirmée ?

Et vous ? Quand utiliserez-vous désormais les défilements de tir ou d'observation pour penser autrement, agir autrement, économiser votre énergie et être plus efficace ?

EXTRAVERTIS, REDIGEZ VOS EMAILS …
SANS ETRE CONNECTES

Ne vous est-il jamais arrivé d'envoyer ou répondre à un email trop vite sans vous relire et sans avoir imaginé la réaction de votre interlocuteur, ni le « coup d'après » ou avoir oublié des détails importants ? Si tel est votre cas, soit votre pied d'appel psycho-énergétique est certainement extraverti avec ses forces et ses faiblesses, soit vous êtes introverti et avez réagi en stress intense. Voici une solution qui peut vous tirer d'affaire et dont vous pouvez profiter pour mieux prendre conscience de qui vous êtes et mieux vous connaître.

La force de l'extraverti est, entre autres particularités, de tirer son énergie du contact, d'élaborer sa pensée en parlant, de s'exprimer spontanément, d'être attiré et énergisé par les demandes extérieures, d'être souvent amical, d'être doué pour la promotion, de prendre des initiatives, de manifester de l'enthousiasme et de partager ses idées.

Sa faiblesse est dans certains cas d'être dans l'action sans avoir réfléchi, de sembler superficiel, de ne pas apprécier les moments de silence, de ne pas savoir se poser, de ne pouvoir compter que jusqu'à trois, de trop exprimer ses émotions et de …*planter des clous* (voir l'article sur « la planche à clous »).

L'extraverti adore les moyens de communication qui lui permettent d'être réactif. Mais ceux-ci peuvent aussi se retourner contre lui s'il en est trop dépendant notamment quand ses besoins psychologiques reposent trop sur son savoir et surtout ses opinions (types travaillomane et persévérant de PCM). Un envoi peut susciter une réponse encore plus incitative puis un départ « en croisade jusqu'à ce que ». L'extraverti ne prend pas suffisamment conscience que la communication se compose d'un émetteur, d'un récepteur et peut bénéficier d'une boite de décryptage. Il peut par contre essayer progressivement de prendre davantage de temps avant le franchissement de la *ligne imaginaire* du pressage de bouton.

Au même titre que l'on peut tourner sept fois sa langue avant de parler, une solution consiste à rédiger les envois ou réponses les plus délicates sans être connecté. Cela vous permet de pouvoir lire et relire avant d'envoyer trop vite, en pleine émotion, ou pour édulcorer à travers la courbe du deuil. Mais rien ne vous empêche parfois aussi d'en rajouter si cela est fait en connaissance de cause. Combien de scènes de ménages ou ruptures commerciales auraient pu être évitées par cette prise de recul afin de peser chaque mot, nous rapprochant ainsi de la *négociation raisonnée* (voir article). Repensez aussi aux différentes façons de lire et d'entendre « bon vent « ou « descendez le » (voir article).

De la même façon, quand certains disent que l'on est dépendant de son Smartphone (téléphone intelligent), je réponds, au contraire, qu'il permet une prise de conscience de soi. Libre ensuite à savoir comment le gérer. L'extraverti devra apprendre à laisser certains messages de coté plus que trois secondes en fonction de leur contenance, de ses humeurs et des besoins d'informations qu'ils réclament et sans forcément qu'une crise existe. Il en va aussi de la gestion de son énergie et de celui qui doit gérer plusieurs messages les uns à la suite des autres plutôt qu'un seul. Une crise risquera alors d'arriver entre *conceptuels* et *pragmatiques*. L'introverti, trop réfléchi mais qui apprécie de recevoir les emails au plus tôt tour mieux les digérer, devra parfois se faire violence et répondre rapidement à certains messages urgents. Bien entendu, l'extraverti peut apprendre à se connaître pour gérer sa façon d'être et faire face à certaines situations et certains interlocuteurs. Plus qu'un poids et qu'une dépendance, le Smartphone devient donc un outil de connaissance de soi. « Dis moi comment tu utilises ta messagerie et ton téléphone et je te dirai qui tu es ».

PROJECTIONS!

Cette interjection ne lancera pas la projection du film de votre vie mais, en libérant spontanément énergie et émotion, vous permettra de vous protéger efficacement contre certains mots prononcés à votre encontre tout en réalisant peut-être, résumé en un seul, un certain constat de similitude ou de complémentarité avec la personnalité de votre interlocuteur.

Je crois que c'est un des principes que j'ai plus appris dans ma vie relationnelle qu'en école de coaching quand une de mes amies coach me l'a balancé à la figure avant notre séparation après lui avoir dit tout haut certains de ses traits de caractère, car biensur je ne l'ai pas accepté, considérant qu'elle ne l'acceptait pas non plus. Les combats de coach sont violents car nous avons un arsenal assez développé. Tant pis pour nous et à nous de savoir de quelle *permission* nous disposons avant de les utiliser et les prononcer sous réserve de ce qui peut arriver.

Mais c'était sans doute la fin du *carnet de timbre* entre deux *persévérants* qui s'étaient rapprochés pas leurs besoins psychologiques communs avec le risque que cela comporte quand on s'aperçoit que l'on s'est peut etre trompé ou que l'on a été trompé.

Par ce simple mot tout est dit ! La carapace est mise ! Les missiles sont armés ! Et même si celui qui le reçoit n'a pas compris, il se sent soudain comme transpercé par un vilain coup de baguette magique. Cette interjection peut signifier, comme disent les enfants, « c'est celui qui le dit qu'il l'est » mais aussi « je ne veux pas entendre ça car je le sais » ou enfin « pourquoi veux tu me voir comme cela ? ».

La projection apparaît donc comme un effet miroir qui nous renvoie une image de prince ou de crapaud que l'on perçoit, ressent puis dont on exprime la résultante. L'important est de comprendre sans juger et d'accepter ou non de ressembler à votre interlocuteur qui dit en fait « je t'aime ou te déteste car tu es comme moi » ou, si vous etes sa zone d'ombre, d'accepter ou non de faire un certain effort d'équilibre. En plus de nos gènes, nous trainons avec nous toute notre vie, meme si nous les soignons, des événements marquants très positifs ou négatifs, et qui marquent notre personnalité que nous aimons ou nos détestons chez nous ou chez les autres.

C'est une façon de se protéger contre les profils de personnalité qui veulent avoir raison, qui blament, qui attaquent, qui voient vite ce qui ne va pas à leurs yeux en en oubliant certains défauts chez eux-memes et qui utilisent les faits qu'ils nous reprochent. Ceux qui vous accusent d'injures, de harcèlement et de mensonges, allant jusqu'à falsifier vos emails, mais qui en usent en fait eux-memes de façon quasi professionnelle par des guérillas de dénigrement, comme on le voit beaucoup en politique, se cachent souvent à la moindre découverte de leur jeu. C'est aussi une façon de nous cacher de peur que l'on découvre certaines failles qui nous font tant consommer d'énergie sans que l'on veuille ou sache vraiment les colmater. C'est enfin dire que l'on a compris ce que les autres aimeraient pour eux mêmes sans forcément y adhérer.

Les exemples sont courants dans la vie de tous les jours comme dans l'entreprise qui génère un stress et utilise une certaine quantité d'énergie. Et tous les profils du MBTI, de l'ennéagramme, de la PCM et bien d'autres y sont représentés avec leurs réactions de confort et de stress en fonction également du lieu *PRAJI* (voir article) où ils se trouvent.

A vous de savoir en suite ce que vous ferez désormais des remarques comme « tu n'as pas de cœur, tu ne vaux rien, tu es faible, tu es irresponsable, tu fais du vent, tu ne vois pas plus loin que le bout de ton nez, tu n'es pas organisé, tu me saoules, tu mens, tu ne m'aimes pas … » etc.

COMMENT GEREZ VOUS VOTRE PRAJI ®
TRANSACTIONNEL AU QUOTIDIEN

Nos journées de travail ou nos journées de vie peuvent etre gérées pour maîtriser au mieux nos énergies, nos relations et éviter de *planter des clous*. Le *PRAJI* ® de l'analyse transactionelle de structuration du temps peut vous aider à trouver le bon équilibre à moins que vous en ayez perdu les clés.

Imaginez un meuble à 6 tiroirs. Pour une journée équilibrée, tous ces tiroirs doivent volontairement être tirés ou sont susceptibles de l'être par d'autres, au moins une fois, peu en importe l'ordre. Cet exercice sera plus ou moins facile pour les extravertis, les introvertis, les pragmatiques ou les conceptuels, les travaillomanes ou les empathiques qui privilégient trop certains ou en oublient d'autres considérant qu'ils ne sont pas utiles. Les pourcentages attribués à chaque tiroir peuvent être légèrement différents en fonction des réalités des environnements considérés.

Le premier tiroir est le « **P**asse-temps » qui inclut les bavardages non impliquant, qui s'apparente à une action sans engagement, sans jouer, où il s'agit par exemple de prendre un café puis de se remettre à travailler. On peut estimer qu'il peut occuper 3% de notre temps.

Le second tiroir est le « **R**etrait » physique ou mental du contact avec les autres, souvent par besoin de repos ou de concentration. Il est précieux pour les introvertis et présente souvent un effort pour ceux qui se ressourcent généralement avec les autres. Donnons-lui 7%.

Le troisième tiroir est celui des « **R**ituels ». Ils sont d'abord sociaux courants quasi programmés mais parfois oubliés comme savoir dire bonjour. Lors de l'activité, il conviendra d'être vigilant sur les règles de comportement de l'entreprise. Après le travail, il s'agira aussi de faire son « 5S » d'intelligence économique, sociétale ou de simple vie en communauté comme ranger ses affaires, couper l'ordinateur, éteindre la lumière. Dans ce sens, ces rituels sont importants et peuvent se voir attribuer un 10 %.

Le quatrième est celui de « l'**A**ctivité », du travail, de l'échange d'informations avec concentration de l'énergie pour atteindre un but. Les personnes qui suivent nos séminaires management monastiques notent une application particulière pour les moines qui doivent faire cohabiter une « activité spirituelle » individuelle et collective ainsi qu'une activité de travail pour subsister sans chercher à s'enrichir. L'activité est principale et représente 75%.

Vient ensuite celui des « Jeux » d'apparence socialement corrects mais en fait négatifs et liés à la manipulation émotionnelle avec le risque d'être pris dans l'engrenage de deux joueurs : « alors ce voyage au Maroc ?! » (toujours en vacances celui-là…). Même s'ils correspondent à certains besoins psychologiques, ne leur laissons pas plus de 1 % hors mis les jeux de négociation faisant partie du travail.

Vient enfin le tiroir de « l'Intimité » franche, authentique, sans message caché : « j'ai un problème personnel » ou « j'ai un problème avec toi, je ne peux communiquer, je voulais que tu le saches… » avec un besoin de retrait dès qu'elle est vécue. Elle peut éviter certains coups de théâtre ou prendre sa place dans un marchandage du deuil. Accordons-lui au moins 4 % car, même si délicate, elle est nécessaire à une relation saine et constructive surtout en groupe.

Et si demain je ne voyais plus, m'aiderais tu ? dit Pierre. Tu as de la chance d'avoir déjà vu répondit Paul. Je te laisserais surtout découvrir par toi-même pour un meilleur apprentissage, meme difficile et éviter ta dépendance. Mais je serai là. En attendant profite de tes yeux et de ton cerveau car ils me font défaut.

Cette nouvelle métaphore me vient d'une personne proche qui pouvait m'appeler pour me demander où était la lampe mais qui a choisi de travailler seule dans le noir sans doute pour se prouver son indépendance voire son souvenir des lieux, voire me reprocher de n'avoir pas réparé l'éclairage ou simplement s'exercer à *voir autrement* ?

Et si ... nous perdions la vue ? Nous serions obligés de constater, comme le disait déjà Voltaire, notre incompétence inconsciente (je ne sais pas que je ne sais pas) puis notre incompétence consciente que nous ne savons pas forcément marcher ni trouver des affaires spontanément (je sais que je ne sais pas), puis enfin découvrir une certaine compétence consciente à faire sans voir. La répétition nous emmènera dans l'oubli qu'un jour nous ne savions pas (compétence inconsciente). Mais heureusement nous voyons et pouvons même désormais nous faire changer une dent pour retrouver la vue si nous la perdons (dernière expérience chirurgicale) et agir sur le cerveau ... et non l'œil qui n'est qu'un simple récepteur.

Sans faire le jeu de l'aveugle, entraînez vous à écrire de l'autre main et vous verrez que rien n'est impossible, tout n'est qu'*apprentissage*. Nous pouvons prendre conscience de nos atouts inexploités mais également de ceux que nous utilisons sans plus nous en rendre compte par habitude, comme quand nous ne voyons plus la personne qui apporte le courrier en entreprise alors que pour une personne âgée, le facteur est sans doute un lien essentiel de vie.

On peut se poser la question de savoir si cette alpiniste chevronné serait tombé avec sa cordée s'il avait refait ce réapprentissage qui lui aurait permis de comprendre qu'il n'était pas devenu Superman. Il en est de même pour tous les accidents de circulation sur les trajets coutumiers.

On peut se poser la question de savoir si votre chef aurait moins été surpris de vous voir déposer votre démission s'il s'était mis à votre place ou si vous auriez été vous-même moins surpris de subir un coup de théâtre d'une séparation professionnelle ou personnelle que vous n'avez pas vu ou voulu voir venir ?

Cet exercice est opportun en organisation et intelligence économique pour savoir si l'on serait capable de retrouver nos affaires une fois aveugle et donc prendre conscience de mieux les ranger !

Et si nous redécouvrions de temps en temps notre façon de faire, comme si nous sortions de l'ornière avant qu'il ne soit trop tard ?

Et si nous en profitions pour découvrir ou redécouvrir de nouveau sens sans attendre d'y être contraint de devoir les développer ? N'agirions-nous pas de façon plus équilibrée avec économie d'énergie ? Certains restaurants proposent de découvrir des mets en aveugle. Le résultat est souvent surprenant.

Rien ni personne n'est à l'abri de quoi que ce soit. N'attendons pas le dernier moment pour tout simplement parfois *changer de lunettes* même si cela représente souvent quelques heures et quelques efforts.

Et vous ? Quand faites-vous l'exercice de l'aveugle ?

LA THEORIE DES ORGANISATION DE BERNE (TOB)
AU PROFIT DES CLUSTERS ET DES POLES
DECOMPETITIVITE

La Théorie des Organisations du transactionnelliste Berne (TOB) modélisée par Fox puis par F. Délivré est un des outils les plus puissants de coaching d'organisation. Elle se développe dans les entreprises et les collectivités mais s'avère un formidable outil pour les clusters, poles de compétitivité, et grappes d'entreprises, structures associatives, sortes d'organisations d'organisation, comme nous dirions des systèmes de systèmes, de par la particularité de leur membre. Elle peut s'appliquer aussi aux Think Tank, laboratoires d'idées, rassemblant personnes physiques et morales notamment au sein de groupes de travail.

La TOB dresse une photo pour comprendre, manager et optimiser le fonctionnement comme le développement sachant que *ce que cela produira à l'intérieur, se verra à l'extérieur*. Elle aborde le leadership, la structure, les membres et les sous-groupes puis enfin l'activité du groupe, tout ceci en relation avec leurs environnements internes et externes. Toute l'approche de questionnement et d'audit ne figure pas dans cet article.

Son analyse sera optimisée par l'emploi de la boite à outils SPM NOVIAL (Stratégie, Psychologie, Processus, Management, Marketing, Mental) utilisée de façon directe ou décloisonnée.

S'agissant du **leadership** qui mettra en place un style de management afin d'atteindre les objectifs fixés, poles et cluster possèdent un leader responsable, le président et un leader opérationnel le Directeur général. Ils peuvent avoir plusieurs leaders de processus en fonction des Domaines d'activité Stratégiques (DAS) soit dans l'équipe salariée, soit parmi les membres qui peuvent être de nature différente. Le style de leadership recommandé est bien entendu le démocratique mais il n'est pas exclu que pour ce type d'organisation, des essais d'autocratie, bienveillance et laisser-faire soit intéressants. Le leader psychologique à qui l'ont se confie, et qui détient donc beaucoup de pouvoir "sur et pour" est souvent l'animateur et peut etre une figure représentative parmi les membres. Il peut partager sa place avec d'anciennes figures historiques qui restent souvent dans l'environnement en tant que conseils, présidents d'honneurs. Enfin, Il existe de nombreux leaders personnels de par l'historique et la personnalité des membres.

S'agissant de la **structure**, en terme de dénomination, d'objectifs GROW et SMART (voir autres articles) et de constitutions, les réalités sont particulières car les poles de compétitivité, miroirs des équipes de projets européens institués par la Commission européenne dans le domaine de la recherche, sont institués et financés en grande partie par l'ETat et ont pour objectif des réaliser des innovations. Les cluster sont quant à eux des initiatives d'entreprises sans forcément avoir d'objectif d'innovation. Rien n'empeche non plus ensuite aux membres de faire des affaires entre eux. Les règles de fonctionnement sont les memes que dans une entreprise de taille moyenne à importante avec des réunion avec ou non confidentialité, avec circulation de l'information entre les membres et une gestion des frontières entre les DAS assurées ou filtrées par les animateurs ou chargés de mission particulières. Poles et cluster possèdent des organigrammes avec roles et mandats pour une transparence et une circulation de l'information interne mais également pour une représentativité externe dasn le cadre des partenariats. Les cultures de fonctionnempent et de prise de décision dépendent souvent de l'environnement considéré (nucléaire, agriculture, chimie, microtechniques, mer...)

La relation des **membres et des sous-groupes** est ici plus importante que dans une simple entreprise ou collectivité. Chaque membre verse une cotisation qui salarie en partie un petit groupe individus dont le nombre reste stable qui est chargé d'animer en interdépendance. S'agissant des membres, il est toujours intéressant de regarder le stade de développement et d'évolution du groupe. Chaque groupe constitué, quelque soit le domaine, développe à un certain stade des clans, des castes, soit de compétence, soit relationnel personnel qui peuvent etre aussi géographiques. Dans les programmes en coopération et l'étude que nous menons, il apparait que la taille moyenne d'un groupe est de 12 membres afin qu'il reste homogène. Au delà, des sous-groupes apparaissent et sont mêmes recommandés. Ces derniers peuvent etre complémentaires et ne luttent pas forcément entre eux dans des rapports de force et peuvent développer en leur sein une certaine productivité. Je citerai l'exemple de cette PME qui s'est retrouvée dans un programme à 29 membres qui pourrait ressembler à une "usine à gaz" mais qui se trouve finalement bien dans son petit groupe à leadership étranger. La qualité du relationnel sera précieuse avec une certaine adaptation et une certaine intelligence relationnelle entre les différents types de structures et d'individus qui les représentent. De grandes énergies peuvent etre économisées par une reconnaissance de qualité. Les salariés et le bureau du pole et du cluster, doivent réaliser les signes de reconnaissance obligatoires à toute continuité de lien durable, davantage que dans une structure simple. Ils doivent aussi détecter et réduire les conflits qui risquent de casser la membrane externe, voire d'activer la planche à secousse interne (voir article) et réduire le nombre d'adhérents, voire créer une structure indépendante. La perception individuelle du groupe sera enfin très importante pour voir s'il existe plusieurs "types de lunettes" utilisées par les membres et comment les gérer et les intégrer et non les rejeter. Il sera intéressant de dresser le blason, l'imago et une certaine typologie de personnalité perçue pour le groupe, comme nous l'utilisons pour les personnes.

S'agissant de **l'activité et de l'énergie du groupe**, un premier élément est la raison d'être et la mission du groupe mais aussi de ses membres, où l'on s'apercevra que certaines PME se considèrent comme des "boites de petit pois" qui ont été attirées pour x ou y raisons mais qui n'ont peut-etre pas aussi su trouver leur place. La stratégie peut souder une réelle prise de conscience d'interdépendance. Avec ses trois notions essentielles (quoi ? pourquoi ? et quand ?), elle sera abordée et découverte par certains avec souvent un décalage en terme de notion de temps entre grandes et petites structures alors qu'il n'en n'est rien et qu'une PME est d'autant plus serine qu'elle voit à long terme. L'organisation en DAS est une façon efficace de segmenter les énergies tout en laissant une possible interaction, voire une certaine compétition interne si elle est controlée et productive pour le groupe entier.

A l'image du porte avions qui n'est rien s'il est seul sans son escadre, la force de tels groupes composés à la fois de grosses et petites structures est notamment de posséder de petits voiliers ou remorqueurs souples capables d'aider à la manoeuvre du gros pétrolier ou de tester certains passages sans détourner la flotte principale. Il en sera différemment dans les grappes d'entreprises rassemblant essentiellement des PME où ce sont elles qui portent le projet ou la dynamique et qui demande un partage d'identité et de force motrice commune encore plus fort soit par effets d'alliances, soit par coopérations par compétences complémentaires. Le PRAJI (voir articles) de l'analyse transactionnelle permettra de scinder le travail rentable et productif de celui non rentable du combat, de la régulation, et du test du leader. Certaines demandes de "se retrouver ensemble" dans le cadre de certaines activités ne devront pas etre considérées comme annexes mais bien faire partie des éléments d'activités. Les grands messes, séminaires avec activités ou autres lieux et prétextes conviviaux sont également des lieux stratégiques pour partager et faire germer certaines idées et donc contribuer à l'activité. Comme dit plus haut, les équipes du siège devront prouver leur capacité à animer, à piloter et à apporter une une réelle valeur ajoutée sous peine d'autonomie et de détachement (voir le coup du parapluie - les Fabliaux du Management). Nous utiliserons à ce titre souvent la matrice Ahsridge et ses effets de levier.

Je vous laisse imaginer les environnements internes et externes à travers notamment le modèle de Porter et la matrice PESTEL que nous n'aborderons pas ici.

LE PARDON DE MADIBA

Voilà, Nelson Mandela est parti mais il n'est pas mort. Politicien, combattant et homme d'Etat, il sera un homme qui marquera l'histoire et un symbole vers qui nous tourner pour trouver des solutions et résoudre des conflits humains avec sagesse sans meme *garder la liste dans sa poche.* Sans doute un exemple à analyser ou à suivre de façon universelle.

Meme s'il fut et sera vénéré comme Jésus, seul interlocuteur entre Dieu et les hommes, il n'était pas non plus mère Thérésa. Nelson Mandela était un homme politique qui savait aussi etre dur. Il était un vrai combattant sachant comprendre et respecter ses adversaires, analyser leurs forces et leurs faiblesses pour ensuite les exploiter. Et c'est sans doute aussi pour cela qu'il a su pardonner et inciter à le faire.

Après sa libération de 29 ans de détention, il avoua n'être pas si mal car il n'était pas seul, avait à manger, était avec ses amis. C'est peut-être aussi une cause de facilité de pardon. Il reconnu à Arcueil, lors de sa visite en France, que c'était sans doute plus dur pour Justine September qui était seule et fut ensuite assassinée.

Il ne travailla pas pour un destin personnel. Il fit son job de rassembleur et de remise à plat juridique puis partit cinq ans après, sans doute avec raison avant le réveil des réalités économiques. Le peuple se souviendra donc de la meilleure image.

Comme nous l'avons appris au cinéma, cette réconciliation passa aussi par la conservation du nom de l'équipe de rugby, symbole Afrikaner mais aussi par le nouveau drapeau national rassemblant les trois couleurs Afrikaner et les trois couleurs de l'ANC, devant aussi être facilement reproductible par les enfants… l'avenir.

Ce que l'on sait moins, c'est que cette réconciliation et cette reconstruction, qui est encore en chantier, est passée par des séances de révélation et de témoignages des actes de violence vécus ou commis. On imagine l'effort que cela fut pour certain et l'émotion qui a été engendrée.

Il avait mieux compris que quiconque la courbe du deuil et surtout sa phase de reconstruction. Il aurait apprécié les histoires de *la planche à clous* et de *la petite barrette*. Il connaissait la symbiose et la règle des 3P. Il avait compris aussi que le pardon libère l'âme et fait disparaitre la peur. Il avait sans doute aussi beaucoup appris sur les expériences passées et les luttes idéologiques, raciales et religieuses partout dans le monde et à toutes les époques comme par exemple la St Barthélémy, le génocide arménien, la persécussion des juifs, l'abolition de l'esclavage, la ségrégation raciale aux Etats-Unis, l'indépendance de l'Algérie, les rivalités entre sunnites et chiites minoritaires ou majoritaires dans certains pays, l'interdiction de sortie du territoire dans les pays de l'Est européen ou de Chine…

Et nous ? Quels sont nos pardons de Madiba dans notre vie quotidienne, professionnelle, politique où nous jugeons et combattons à tour de bras sans comprendre. Et comment allons nous nous y prendre avec quels objectifs à atteindre ?

LE CANEVAS DE VIE

Hier soir je suis allé voir, avec une amie lionne 8 de l'ennéagramme qui avait rentré ses belles griffes, un film distrayant : casse tete chinois, réalisé par Cédric Klapisch interpérété notamment par Romain Duris (Xavier) et Audrey Tautou, Cécile De France.

Je ne me ferai pas critique de cinéma mais je tenais à vous faire partager un passage et une métaphore psychologique très représentatifs de ce que nous enseignons dans la compréhension de la vie et de son évolution.

Un personnage présente à Xavier un canevas très joli dont je ne me souviens plus le dessin. Mais ensuite il le retourna "regarde, ce n'est pas beau, on voit tous les fils mais on distingue comment ils sont enchevêtrés. C'est la face cachée de la vie que l'on comprend par la suite".

Ce passage me fait aussi penser aux palissades trompe l'oeil que l'on dressait au passage de la Grande Catherine de Russie pour faire croire qu'elle traversait des villes et des villages de bonnes tenues.

Notre immeuble de vie est créé à la naissance par notre génétique mais aussi par les événements très positifs ou très négatifs que nous allons vivre en petite enfance et que nous allons reproduire ou compenser toute notre vie. Puis nous serons influencé par notre environnement familial, relationnel, scolaire et professionnel.

Si nous marchons sur deux pieds avec un pied d'appel que nous découvrons lors de notre scolarité et parfois que nous oublions, la vie est faite de la même manière avec ses préférences de fonctionnement et ses zones de stress et d'ombre, le côté obscur. Nous mettons des mots dessus comme avec les fonctions du MBTI, les flèches transverses de l'énnéagramme ou les étages de la Process Comm.

Dans la vie nous aimons voir les choses agréables et parfois nous sommes confrontés au coté face et obscur et obligés de le gérer avec effort. Nous sommes souvent protégés dans notre enfance et ensuite tentons de vivre avec bien être. Souvent nous découvrons cette face cachée après 50 ans où nous n'avons plus peur de retourner le canevas et prendre le temps de découvrir d'analyser enfin les réalités de la vie. Dommage pour les bébés échangés dont on entend les histoires fréquentes car certains voient toujours la belle face alors que d'autres voient souvent l'autre.

Que cela ne vous empêche pas de faire des canevas. Et n'oubliez pas non plus, qu'en retournant un canevas ou un tableau ancien, on peut aussi y voir de belles surprises et de jolis souvenirs.

VIENS A JESUS

Viens à Jesus ! disait ou dit peut-etre encore Hillary Rodham Clinton (Le choix d'Hillary de Gail Sheehy, Ed Plon 1999) à Bill quand un problème d'addiction pouvait endommager leur couple. Elle le disait afin de rester unis en osmose politique et charnelle qui le sauvait et qui la faisait avancer.

Cela ne remplaçait pas les assiettes et les verres cassés mais contribuait à rendre au cerveau une certaine réinitialisation en relation avec le coeur. Hélas, le "Viens à Jésus" n'est pas éternel surtout si la courbe du deuil n'est pas respectée et doit être renouvelé comme les péchés et les fautes car nous sommes humains.

Il est plus facile de se reporter et de confier des faiblesses et péchés à DIeu et Jésus que de demander à quelqu'un de raconter ce qui s'est passé... surtout quand on le sait déjà...

L'objectif analysé est à effets multiples
—   faire en sorte que Bill se confesse pour mieux lui pardonner en espérant qu'il ne recommencera plus (se pardonner quoi ? lisez donc le livre...)

—   faire en sorte de mieux comprendre pourquoi il l'avait fait, de mieux le supporter et de mieux en faire le deuil car elle avait besoin de Bill même si ce dernier ne lui rendait pas toujours

—   échanger les énergies à travers les corps dans un énorme "câlin" et un "branchement corporel" pour ne faire plus qu'un comme pour le que j'enseigne au couple cavalier cheval avant de commencer l'épreuve

—   mieux partager des émotions sachant que 70% réside surtout dans le perçu et le ressenti plus que dans l'expression (voir l'article sur la ligne de flottaison et la sage des 7 émotions)

- et le guérir, comme JESUS guérissait les malades, sans forcément attendre de miracle

A tritre personnel, quand notre couple politique nous disputions pour x ou y raisons, nous allions nous réfugier dans une église pour faire la paix car l'objectif était de gagner et elle avait besoin de cette énergie. Mais nous allions vraiment à Jesus, juge de paix sauf quand c'était plutôt moi qui le disait... Et qu'elle se souvienne que les Clinton n'ont pas toujours gagné au départ et le livre ne dit pas combien de fois Hillary aurait du se confesser

Alors vous aussi, venez à Jésus ! ou à votre Dieu s'il n'est pas le même et pardonnez le s'il ne détruit pas d'un coup le mal que nous ne voulez plus voir ou ... faire voir et prenez en surtout à votre cerveau et votre personnalité.

Et comme disait ma maman : aide-toi et le ciel t'aidera !

LE MAITRE DE THE

Nous sommes souvent peu confiants en nous et ne savons pas exploiter nos connaissances, capacités, savoirs, savoir-faire et savoir être de façon élargie. Parfois aussi nous prenons d'autres habits qui nous permettent, voire nous imposent de maîtriser d'autres potentiels, en oubliant parfois que nous pouvons aussi appliquer ce que nous connaissons et qui fait notre force. Je vous propose l'histoire du maître de thé.

Un jour un maître de thé fut visité par un Samouraï qui l'engagea aussitôt à son service. Le maître de thé savait faire le thé mais ne savait pas pour quelle raison son maître Samouraï avait fait ce choix et cela ne l'intéressait pas. Peut-être était-ce à cause de l'arome du thé ?

Toujours est-il qu'un jour le maître de thé parti avec le Samouraï à travers le pays et s'arrêtèrent dans une ville. Je reviendrai dans 2 jours annonça le Samouraï. J'ai certaines affaires à régler. Mais que ferai-je donc seul et sans protection dans cette ville ? fit remarquer le maître de thé. Tu n'as qu'à mettre un de mes habits, tu ne seras pas inquiété. Aussi fut dit ainsi fut fait.

Le lendemain, alors que le maître de thé traversait la ville, un guerrier l'interpella : « eh Samouraï, je te défie demain à cette même heure si tu en as le courage ! » » « Mais pourquoi devons nous nous battre ? » répondit tremblant le maître de thé. « Il en est ainsi, l'un de nous deux mourra ». J'ai toujours rêvé combattre un Samouraï. Il en va de mon honneur.

Le maître de thé ne sut que faire. Il se renseigna et alla trouver un maître d'arme puis lui expliqua ce qui lui arrivait. « Comment voulez vous que je vous enseigne le maniement des armes en un jour ? » lui répondit-il. « Que savez-vous faire ? » « Je sais faire le thé ». « Alors faites moi le thé ».

Le maître de thé s'installa consciencieusement, enleva son manteau et sa coiffe, échauffa ses poignets pour bien doser et verser, prépara ses affaires, prépara une dose avec doigté et fit chauffer l'eau sans la faire bouillir. Puis il s'attacha au rituel du service. « Merci » lui dit le maître d'armes. « Je vous en prie, maintenant m'apprenez vous ? » « Oh, non je n'ai rien à vous apprendre, demain agissez comme si vous faisiez le thé ». Le maître de thé ne compris pas, partit sans poser de question mais retint le conseil.

Après une nuit un peu agitée, le maître de thé se retrouva à l'heure dite, harnaché de son costume et de son sabre. Le guerrier lui faisait face. « Alors Samouraï, es tu prêt à mourir ? » aboya--t-il ?

Le maître de thé ne répondit pas, il était concentré sur ce que lui avait dit le maître d'armes. Il enleva sa coiffe et la posa avec soin, puis enleva son manteau et le posa avec soin, puis s'échauffa les poignets, considéra son sabre et ses poignards puis les rengaina. Il resta concentré. Il se souvint alors de certains gestes de son maître. Il prit alors son sabre, fit quelques gestes, le fit un peu tournoyer et le leva solennellement comme s'il préparait le thé. Il était fort, il se sentait le maître de thé et maître Samouraï à la fois. Mais ensuite, il était bien incapable ensuite de savoir quoi faire car il n'était pas Samouraï…Voyant cette maîtrise technique et ce calme, le guerrier vint alors se prosterner devant le maître de thé en rendant ses armes et suppliant qu'il ne le tue pas.

Si le proverbe chinois que dit que « l'agneau en peau de tigre craint toujours le loup », l'agneau pourra au moins tenter de dissuader le loup en trompant son cerveau comme nous l'avons vu en *PNL* et se servir de la peau du tigre pour faire illusion dans un autre *blason d'identité*. Il pourra aussi agir en montrant l'agilité de l'agneau qui perdra peut-être aussi pour un temps son odeur. Mais gare aussi à la trop grande confiance si l'on vous demande une autre mise en pratique.

Et vous, dans la vie ou en entreprise, quand utilisez-vous vos habits de Samouraï ou de Tigre, et vos savoirs faire de maître de thé ?

BON VENT!

Il y a des mots ou des phrases que l'on emploie sans décodeurs à l'intention de nos interlocuteurs un peu comme quand on envoie un fax sans regarder l'accusé de réception. On blâme ensuite le récepteur d'avoir mal reçu ou mal compris alors que l'erreur vient parfois de l'émetteur : nous.

Au même titre que l'on peut réfléchir avant de passer sa ligne imaginaire et avancer sur ses deux pieds, il est possible de retenir ses mots ou de les adapter avant qu'ils ne fassent certains dégâts pour les autres ou pour nous-mêmes, sauf bien entendu en connaissance de cause. Le ton peut parfois nous éclairer sauf quand il s'agit d'un email ou d'un sms !

 On peut dire « bon vent » aux skippers du Vendée Globe et on peut dire « bon vent » à une personne qui vous dit au revoir et que vous n'avez pas envie de revoir. Mais dire bon vent à quelqu'un qui vous donne un nouveau numéro de téléphone pourra signifier « profite bien de ce nouveau départ » ou « eh bien garde-le pour toi ». Chacun ses « lunettes » ou ses « écouteurs ». Même si vous l'avez dit sans intention mauvaise, ne vous étonnez pas si vous n'avez plus de nouvelles ou recevez une remarque bizarre…

C'est comme ces mots de «sale gosse » que me disait un de mes frères quand j'étais jeune (plus jeune…) de façon gentille mais aussi de façon méchante.

Cela me rappelle cette histoire du prisonnier qui attendait à un étage plus haut et qui fut abattu quand le supérieur envoya un… « Descendez-le ! »

Cela me fait penser à ce confrère africain qui ne comprenait pas que le « continent » était pour moi l'Europe.

Les exemples ne manquent pas.

Je reconnais qu'essayer de se mettre toujours à la place de l'autre en écoute active est parfois usant et qu'il est par contre facile de balancer que l'autre est «susceptible» pour éviter de s'excuser quand on s'est aperçu de l'erreur, sauf quand on ne comprend pas pourquoi on devrait le faire.

Si vous persévérez dans l'incompréhension, allez plutôt demander à votre cheval! Non, je ne plaisante pas … ce n'est pas une moquerie ni un rejet ! On utilise beaucoup la relation équipe pour le management … A quoi aviez vous pensé?? Allez bon vent! (…)

Sommaire

A la suite des Fabliaux du Management, cette série de recueils de management rassemble certaines fiches et articles utilisés notamment lors d'interventions en conseil, coaching, animation ou formation. Chacun illustre une facette ou un thème pouvant faciliter la compréhension et l'optimisation de la relation, des structures et des projets ainsi que des attitudes et des situations suscitant la prise de conscience dans des univers différents. Je vous invite à lire ces histoires sur « vos deux pieds » et mettant parfois «d'autres lunettes ». Comme pour les fabliaux, vous pourrez lire, assimiler et mettre facilement en pratique une fiche par jour. Vous y retrouverez certaines métaphores illustrées et vous y découvrirez également certaines méthodes de gestion des organisations simples ou complexes. Mais y figurent cette fois davantage d'outils de psychologie et de coaching qui font partie du concept de la boîte à outils SPM (Stratégie, Process, Psychologie, Management, Marketing, Mental) que j'ai créée pour vous aider à mieux comprendre certaines réalités et mieux atteindre vos objectifs ainsi que ceux de votre organisation.

François CHARLES est coach professionnel, conseil et formateur individuel et collectif. Il est créateur de NOVIAL Institute et Consulting et animateurs d'un groupe d'intervenants en stratégie, intelligence économique, management et développement personnel. Il a acquis une connaissance et une intelligence globale des métiers, du vocabulaire et des enjeux des organisations à travers des expériences fonctionnelles et opérationnelles en stratégie, management, maîtrise des risques, protection financière et sociale, coopération et négociation internationale. Après un passage dans l'armée de terre, il exerce à la Délégation Générale pour l'Armement puis dans l'industrie et comme consultant dans un grand cabinet d'audit puis de façon indépendante, au profit structures, des projets, des cadres, des dirigeants et des équipes. Convaincu de l'effet de levier humain, il est certifié MBTI individuel et collectif et Team Management System, formé au 360°, à la Posture de Coach, à la Process Comm, à l'Ennéagramme, à la PNL et à l'Analyse transactionnelle, à l'intervention de crise humanitaire internationale, à l'analyse transactionnelle et au renseignement. Il suit les déontologies de la Société Française de Coaching et de L'International Coach Federation (ICF) dont il est membre France et monde. Il est auteur des « fabliaux du management – penser autrement pour agir autrement» (Ed. Chiron 2002), d'ouvrages sur la politique générale européenne, des booklets mémos®, du modèle SPM® et intervient également comme professeur vacataire dans certaines universités et écoles de management.

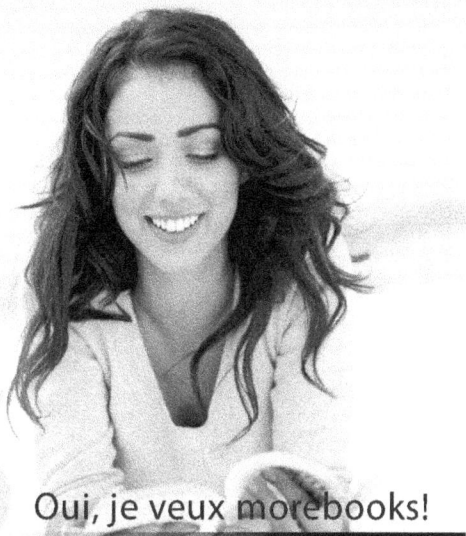

www.ingramcontent.com/pod-product-compliance
Lightning Source LLC
Chambersburg PA
CBHW020618270326
41927CB00005B/394